DESAMPARO, ACOLHIMENTOS E ADOÇÕES

Blucher

DESAMPARO, ACOLHIMENTOS E ADOÇÕES

Escutas psicanalíticas

Organizadoras

Cynthia Peiter

Marcia Regina Porto Ferreira

Maria Luiza de Assis Moura Ghirardi

Desamparo, acolhimentos e adoções: escutas psicanalíticas

Publisher Edgard Blücher
Editor Eduardo Blücher
Coordenação editorial Jonatas Eliakim
Produção editorial Bonie Santos
Preparação de texto Bárbara Waida
Diagramação Gabriel Miranda
Revisão de texto Silvana Vieira
Capa Leandro Cunha
Imagem da capa CC Seth Globepainter, by ShutterStock

Blucher

Rua Pedroso Alvarenga, 1245, 4º andar
04531-934 – São Paulo – SP – Brasil
Tel.: 55 11 3078-5366
contato@blucher.com.br
www.blucher.com.br

Segundo o Novo Acordo Ortográfico, conforme 5. ed. do *Vocabulário Ortográfico da Língua Portuguesa*, Academia Brasileira de Letras, março de 2009.

Dados Internacionais de Catalogação
na Publicação (CIP)
Angélica Ilacqua CRB-8/7057

Desamparo, acolhimentos e adoções : escutas psicanalíticas / organizado por Cynthia Peiter, Marcia Regina Porto Ferreira, Maria Luiza de Assis Moura Ghirardi. - São Paulo : Blucher, 2022.
188 p.

Bibliografia
ISBN 978-65-5506-557-2 (impresso)
ISBN 978-65-5506-554-1 (eletrônico)

1. Adoção - Aspectos psicológicos 2. Psicanálise 3. Escuta psicanalítica I. Título II. Peiter, Cynthia. III. Ferreira, Marcia Regina Porto. IV. Ghirardi, Maria Luiza de Assis Moura.

22-1033 CDD 150.95

Índice para catálogo sistemático:
1. Adoção - Aspectos psicológicos

Conteúdo

Prefácio

Desamparo, acolhimento e parentalidade: práticas psicanalíticas ético-políticas junto à infância 9

Miriam Debieux Rosa

Introdução 19

Cynthia Peiter, Marcia Regina Porto Ferreira e Maria Luiza de Assis Moura Ghirardi

O trabalho em equipe clínica: uma proposta de construção coletiva do singular 23

Celina Giacomelli

Desacolhimento institucional por maioridade: entre o pertencimento, a segregação e o desamparo 45

Mariana Belluzzi Ferreira e Miriam Debieux Rosa

Apadrinhando adolescentes acolhidos 61
Marcia Regina Porto Ferreira

Da contenção ao contorno: a narrativa do processo de desmedicalização de uma criança acolhida 71
Marina Galacini Massari e Maria Cristina Gonçalves Vicentin

A relação fraterna na adoção: algumas reflexões 85
Maria Luiza de Assis Moura Ghirardi

Narrar é preciso 95
Cynthia Peiter

Crianças em processo de adoção: repetição de vivências traumáticas e possíveis saídas 111
Camila Deneno Perez

Grupo de pretendentes à adoção: um dispositivo coletivo de construção e ressignificação das parentalidades 123
Camila Deneno Perez, Débora Gaino Albiero, Marina Galacini Massari e Saulo Araújo Cunha

Da dependência à autonomia: um percurso que começa cedo 139
Cristina Banduk Seguim

O pai e o acolhimento institucional nos impasses de ser (homem) na vida 151
Sandra Ungaretti

Instalações clínicas: direito ao território
e estratégias de cuidado 165
Marília Franco e Silva Velano e Silvia Lopes de Menezes

Posfácio
Vivam os pais adotivos! 179
Maria Rita Kehl

Sobre os autores 185

Prefácio

Desamparo, acolhimento e parentalidade: práticas psicanalíticas ético-políticas junto à infância

Miriam Debieux Rosa

O livro *Desamparo, acolhimentos e adoções: escutas psicanalíticas*, organizado pelas psicanalistas Marcia Regina Porto Ferreira, Maria Luiza de Assis Moura Ghirardi e Cynthia Peiter, reúne práticas psicanalíticas ético-políticas junto à infância e à adolescência, a maior parte das quais construída no Núcleo Acesso – Estudos, Intervenções e Pesquisa sobre Adoção, da clínica psicológica do Instituto Sedes Sapientiae. O Núcleo visa colocar o referencial e a prática da psicanálise a serviço de crianças e adolescentes que tiveram rompidos os laços com suas famílias de origem, vivendo com suas famílias adotivas ou em instituições de acolhimento.

Ressalta-se no livro o compromisso com a infância, mais particularmente a infância que vive um duplo desamparo: o constituinte do sujeito e aquele promovido no laço social que não cumpre sua função de investimento no recém-chegado, especialmente quando se refere a crianças e adolescentes vindos das camadas periféricas da sociedade e assimilados aos marcadores sociais de classe e raça.

O desamparo é uma experiência estruturante do sujeito, relacionada com a dependência dos cuidados de outrem no início da vida e com a vivência da sua ausência ou da falta de amparo. O sujeito se constitui tecendo bordas protetoras a partir do desejo do outro e da transmissão da cultura recebida pela via da linguagem. São bordas que protegem do desamparo, marca sempre presente, remetendo à dimensão trágica da existência, ao real de sua falta-a-ser, que é reativada e revivida quando são retiradas as coordenadas simbólicas que sustentam o sujeito, suscitando a angústia e a sideração traumática. À dimensão constitutiva do desamparo soma-se a ameaça permanente promovida no laço social quando o lugar ocupado retira do sujeito a possibilidade de partilhar os bens materiais e culturais da sociedade e abre para a destituição dos seus direitos básicos.

Este livro é bastante relevante, pois os autores preocupam-se em construir modalidades clínico-políticas que levem em conta o discurso e o lugar social ocupado pelo sujeito na pólis, bem como os enunciados sociais e jurídicos, o romance familiar, o discurso da criança e o de seus pais. Nessa medida, considera o expressivo desamparo social em nosso país, pautado pela desigualdade social e racial. Mais ainda, faz proposições efetivas de acolhimento das crianças e dos adolescentes que sofrem por rupturas no laço parental e social. Nesse contexto, a revigoração da parentalidade, independentemente da modalidade de configuração familiar que se apresente, é ponto de resistência micropolítico ao avanço de tais processos de desamparo social. Tanto a reiteração do desamparo social quanto o efetivo acolhimento dependem do lugar político-libidinal reservado à criança. As instituições e o Estado podem promover mais desamparo quando, como exposto em alguns dos capítulos, seguem os passos da biopolítica e naturalizam a arbitrariedade; em vez de cuidados e educação, culpabilizam, patologizam ou criminalizam a criança ou o adolescente em desamparo.

Nos contextos das experiências relatadas no livro, cujas trajetórias não correspondem ao ideal social, os autores põem em análise os discursos sobre a criança e o adolescente que perpassam as instituições de acolhimento. Tais discursos, frutos de construções históricas e político-sociais, têm implicações diretas nas práticas das equipes profissionais e nas experiências subjetivas.

Na contramão do desamparo social, o livro apresenta atos clínico-políticos que insistem na construção de um território de acolhimento, seja nas instituições socioeducativas, seja no trabalho de construção da parentalidade na adoção, a fim de reinstaurar a posição de pertinência para a criança como sujeito de desejo e de direitos. Agamben (2005) propõe a noção de que a "experiência muda" da infância marca os limites do campo da linguagem, bem como explicita o modo como um sujeito pode advir e inscrever a presença do outro no corpo e na língua. Afirma que "se não houvesse a experiência, se não houvesse uma infância do homem, certamente a língua seria um 'jogo', cuja verdade coincidiria com o seu uso correto segundo regras gramaticais" (p. 62). O infantil seria essa "pátria transcendental da história" (p. 65), ou seja, esse lócus atemporal que institui o ponto de abertura para o singular da enunciação – na psicanálise, o inconsciente.

A lógica/violência de impor discursos generalizantes à criança visa eternizá-la na posição infantil daquela que não fala, mas é falada, quando não ignorada e invisibilizada para melhor dominar e controlar, instituindo, se possível, a mera via nua, sem valor social e descartável. É nesse âmbito que se instituem modos de exercício do poder que abalam a potência da experiência compartilhada.

Concebidas assim, infância e experiência constituem pressupostos éticos que dizem respeito aos domínios da política (o laço com os outros) e da cultura (a relação com o outro). Os atos clínico-políticos visam justamente desnaturalizar olhares preconcebidos, localizar os diversos discursos e seu campo de forças históricas e político-sociais, bem como os elementos singulares dos sujeitos. Permitem retomar justamente o cerne da experiência com o outro, no campo linguageiro onde o outro não só fala como permite a construção da história do seu tempo, dizendo, ao modo de Agamben (2005), do escuro do seu tempo. Assim, são as experiências e os atos com e no campo social – trabalho que opera na contramão do discurso hegemônico e discriminatório da sociedade brasileira – que permitem romper exílios e exclusões naturalizados, bem como a degradação do outro à condição de objeto descartável.

Tal trabalho exige estratégias inovadoras e é necessariamente coletivo, temas trazidos nos vários capítulos do livro. Um dos que aborda diretamente o tema é o capítulo de Celina Giacomelli, que destaca a construção coletiva do singular por meio da montagem de dispositivos grupais de discussão de casos. Desse modo, ela sustenta, dá-se suporte às angústias e aos sentimentos de impotência do analista advindos da escuta no trabalho com a adoção, em que perpassam relatos de violências e violações dos direitos da criança. O delineamento do caso na dimensão social e na potência do singular torna possível criar novas alternativas. A importância do coletivo também é central no capítulo "Instalações clínicas: direito ao território e estratégias de cuidado", desta feita na escuta de filhos de militantes de movimentos sociais por moradia, opondo-se à criminalização do suposto "monstro desabrigado" presente no discurso social. Marília Franco e Silva Velano e Silvia Lopes de Menezes escrevem sobre o desafio e a invenção das *instalações clínicas*, nome emprestado do "valor heurístico do conceito de instalação em arte" para a escuta da construção de um lugar de pertencimento.

A importância das equipes das instituições e de sua inclusão na invenção de dispositivos clínicos e coletivos está presente nos capítulos que tratam da construção da parentalidade diante das rupturas que precipitam vivências traumáticas de abandono e desamparo, bem como do trabalho de construir e ressignificar a parentalidade para propiciar o acolhimento e a adoção das crianças. A construção da parentalidade no processo de adoção, questão que tem atravessamentos importantes na realidade social brasileira marcada pela desigualdade, é tema relevante do ponto de vista subjetivo, familiar e social, na medida em que atribui um lugar para a criança no laço social, nas malhas discursivas e desejantes. Entendemos que maternidade e paternidade são lugares discursivos em que comparecem componentes libidinais, sociais e políticos. Tais lugares são instituídos por uma função simbólica, que supõe atribuir a um acontecimento real – o nascimento de uma criança – lugares discursivos – a parentalidade.

Escrever um lugar no discurso para a criança como *filha de* institui as funções parentais e atribui a ela, além da vida nua (*zoé*), uma vida apoiada na estrutura social, política e libidinal (*bios*). A função essencial da parentalidade seria, como diria Lacan (2003), instituir um desejo que não seja anônimo e transmitir a cultura. Esses são pontos fundamentais para a questão tratada neste livro, pois dizem respeito à inscrição da criança na ordem humana, fora da qual ela permanece pura vida nua, descartável, matável, como diria Agamben (2002) – questão nada retórica, mas bastante condizente com a realidade de crianças e jovens periféricos no Brasil.

A construção da parentalidade, que se concretiza no cruzamento entre as disposições jurídicas, subjetivas e intersubjetivas da adoção, opera em múltiplos fios. Os capítulos sobre esse tema nos descortinam diferentes ângulos do processo. De um lado, as crianças em processo de adoção assombradas pelas vivências traumáticas, mas ainda assim ávidas por construir novos laços, como nos apresenta Camila Deneno Perez. De outro, estão as idealizações, fantasias, frustrações e ambivalências de pretendentes à adoção que nos apresentam Camila Deneno Perez, Débora Gaino Albiero, Marina Galacini Massari e Saulo Araújo Cunha, propondo um dispositivo coletivo de construção e ressignificação das parentalidades. Facetas originais e pouco abordadas usualmente estão também nos capítulos sobre o pai, de Sandra Ungaretti, e sobre a relação fraterna na adoção, de Maria Luiza de Assis Moura Ghirardi.

Outro tema central do livro refere-se a crianças e adolescentes com longo período de acolhimento pelo Estado e às modalidades de desacolhimento. Cristina Banduk Seguim aborda o que significa crescer na instituição e as relações que se tecem entre crianças e adolescentes e os adultos/funcionários/pais responsáveis pelos seus cuidados. Considera que o grande desafio nas instituições de acolhimento é garantir no ambiente coletivo um espaço para o singular que reconheça os traços próprios, a forma de ser e de se relacionar da criança.

O desacolhimento por maioridade expõe um fracasso que nos remete ao tempo da permanência na instituição e, em geral, à falta da necessária inserção na rede territorial e comunitária. O capítulo sobre esse tema é fruto da dissertação de Mariana Belluzzi Ferreira. Problematiza as repetidas situações de desproteção e violência presentes no processo de desacolhimento institucional de adolescentes por maioridade, debatendo, a partir da psicanálise, a política pública de assistência social. Trabalha com equipes de profissionais para redimensionar sua tendência a atribuir responsabilidade exclusiva ao adolescente pelo fracasso do desacolhimento, não só reiterando a implicação dos diversos atores sociais envolvidos, como também analisando as falhas da política pública.

Marcia Regina Porto Ferreira nos apresenta uma experiência alternativa para as crianças institucionalizadas: o apadrinhamento afetivo, desenvolvido no Núcleo Acesso. O apadrinhamento aposta em uma forma de laço social e expressão de amor que não necessariamente se espelhe na família nuclear, a qual pode vir a ganhar legitimidade no imaginário social, uma vez que amplia os repertórios de laços sociais e amorosos possíveis para esses jovens e também os repertórios e as ofertas da comunidade em geral. Enfim, narrar é preciso, nos lembra o artigo de Cynthia Peiter. A história pregressa da criança adotiva costuma trazer embaraços e certo mal-estar, produzindo silêncios enigmáticos, especialmente considerando que a adoção em nosso país está permeada de mistérios e pesares. A autora destaca que a criança é, ela mesma, um documento de sua história, "escrita" em linguagem inacessível ou irrepresentada. Analisa os álbuns narrativos como um dos dispositivos da clínica psicanalítica, proposta como espaço de construção de narrativas capazes de trazer significação àquilo que ressurge sintomaticamente de narrativas históricas em diferentes dimensões.

Nessa direção está a narrativa do processo de desmedicalização de uma criança acolhida, de Marina Galacini Massari e Maria Cristina Gonçalves Vicentin. Elas criticam a medicalização das vidas, os diagnósticos e os tratamentos que calam os sujeitos, suas relações e seus conflitos. As autoras questionam se o acolhimento institucional está a serviço do cuidado ou do controle da criança. Propõem acompanhar a trajetória de uma criança acolhida como dispositivo que permite observar o modo como os discursos profissionais operam e produzem marcas na subjetividade de quem é objeto de sua enunciação. O caso narrado evidencia uma história de resistência aos discursos medicalizantes na medida em que contou com uma equipe que se propôs a desestabilizar o que parecia produzir assujeitamentos, para ativar processos de subjetivação que constituíssem novas possibilidades de vida. A contenção que anulava o corpo da criança pôde, aos poucos, ceder espaço para algo que o contornasse.

O livro, com suas narrativas de experiências e elaborações, nos remete a Benjamin (1994) quando este afirma que a "história é objeto de uma construção cujo lugar não é um tempo homogêneo e vazio, mas um tempo saturado de 'agoras'", isto é, "repleto de atualidade" (p. 229). Ele usa a expressão "escovar a história a contrapelo" quando escreve sobre aquilo que não está relatado nos registros e nos documentos oficiais, rompendo silêncios e trazendo elementos da história dos oprimidos.

Trata-se, portanto, de um livro atual e contemporâneo. Atual, como Gagnebin (2008) propõe, porque permite

> *a ressurgência intempestiva de um elemento ocultado, esquecido dirá Proust, recalcado dirá Freud, do passado no presente – o que também pressupõe que o presente esteja apto, disponível, para acolher esse ressurgir, reinterpretar a si mesmo e reinterpretar a narrativa de sua história à luz súbita e inabitual desse emergir. (p. 81)*

Contemporâneo pois, como diz Agamben (2009), "contemporâneo é aquele que mantém fixo o olhar no seu tempo, para nele perceber não as luzes, mas o escuro" (p. 62). No escuro está o que não é evidente, estão os não ditos que permitem romper naturalizações e reler fatos tidos como óbvios e corriqueiros. Assim, ser contemporâneo é ser um tanto estrangeiro em seu próprio tempo, posição por excelência do psicanalista.

Referências

Agamben, G. (2002). *Homo sacer: o poder soberano e a vida nua* (Vol. I). Belo Horizonte: Editora da UFMG.

Agamben, G. (2005). *Infância e história: destruição da experiência e origem da história*. Belo Horizonte: Editora da UFMG.

Agamben, G. (2009). *O que é o contemporâneo e outros ensaios*. Chapecó: Argos.

Benjamin, W. (1994). *Magia e técnica, arte e política: ensaios sobre literatura e história da cultura* (Vol. I). São Paulo: Brasiliense. (Série Obras Escolhidas)

Gagnebin, J. M. (2008). Documentos da cultura/documentos da barbárie. *Revista Ide: Psicanálise e Cultura, 31*(46), 80-82.

Lacan, J. (2003). Notas sobre a criança. In *Outros escritos* (pp. 369-70). Rio de Janeiro: Jorge Zahar.

Introdução

Cynthia Peiter
Marcia Regina Porto Ferreira
Maria Luiza de Assis Moura Ghirardi

Este ano completamos 26 anos de existência, insistência e resistência. Nada melhor para celebrar que lançarmos este livro, que, esperamos, contribua para que outros sejam escritos.

Pode valer a pena contar como foi difícil para nós, organizadoras desta coletânea de produções escritas sobre a clínica psicanalítica realizada no Núcleo Acesso do Instituto Sedes Sapientiae, começarmos a escrever esta introdução.

Até onde conseguimos entender, a riqueza dos trabalhos muito contribuiu para o adiamento de nossas palavras, porque nos colocou em uma prazerosa posição contemplativa e admirada. Em tempos de pandemia e de dor-país, como diria Silvia Bleichmar, é extremamente gratificante depararmos com tão potentes práticas sendo transmitidas pela escrita.

Um jeito insuficiente de apresentar esta coletânea de escritos sobre nossa clínica seria dizer que colocamos nossa escuta para aqueles que se encontram sem família e, a partir de 2018, também para os sem-terra e sem-teto. Em vez disso, sustentamos a ideia de que a clínica que realizamos tem a ver com sujeitos em busca de lugares: família, teto, terra, territórios de pertencimento. Dessa forma, a narrativa transforma a avassaladora falta, o brutal desamparo diante de necessidades primárias, em desejo, em esperança.

Levando muito a sério nosso temor de reproduzirmos falas, escritas e escutas estigmatizantes e dessubjetivantes, temos construído dispositivos que nos defendam de cair no fascínio do traumático, de ficar fixados e identificados exatamente nessas faltas fundamentais e de ser capturados por discursos perversos que naturalizem a violência. E um dos valiosos dispositivos é exatamente a escrita.

No livro anterior, *Laços e rupturas: leituras psicanalíticas sobre adoção e o acolhimento institucional* (Escuta, 2016), já tínhamos dito isso. Escrever é preciso, para inscrever o que pode ficar vagando e fazendo ruído em nossos atendimentos.

Mas muitos outros dispositivos são construídos no Núcleo Acesso para cuidarmos de nós e melhor cuidarmos de nossos pacientes. Achamos absolutamente fundamental buscarmos coletiva e permanentemente pela teoria, permeando nosso fazer clínico com mediadores simbólicos que nos ponham numa saudável distância do desamparo que a todos assombra e que nossos pacientes tão escancaradamente expressam. E é aí que encontramos o estrangeiro, o de fora, que nos salva e nos alimenta.

Miriam Debieux Rosa, que honrosamente prefacia nosso livro, é uma consagrada referência por sua longa produção, mas em particular por sua escrita sobre *A clínica psicanalítica em face da dimensão sociopolítica do sofrimento* (Escuta, Fapesp, 2016) e as *Histórias que não se contam* (Casa do Psicólogo, 2009).

No posfácio deste nosso livro, também contamos com uma valiosa colaboradora, a quem temos recorrido para nos ajudar a pensar alguns casos em supervisões e eventos: Maria Rita Kehl.

Inevitável buscar com ela diálogos sobre aquilo que narra em seu *Bovarismo brasileiro* (Boitempo, 2018), a clínica psicanalítica junto a militantes do Movimento Sem Terra (MST).

Agradecemos a todos os parceiros que de forma direta ou anônima nos ajudaram a tornar esta produção uma realização.

O trabalho em equipe clínica: uma proposta de construção coletiva do singular

Celina Giacomelli

Muitas vezes o inimaginável acontece. Supera nossa capacidade de prever o pior. Conduz-nos até a borda do real e nos abandona ali, pasmos, incapazes de representar mentalmente o atroz.

Kehl (2011, p. 136)

Introdução

Em uma reflexão sobre o futuro da psicanálise, Freud (1919[1918]/2010a) apostou na abertura de novos caminhos para o que, até aquela época, era acessível apenas a um pequeno número de pacientes. Diante do que considerava um caso de saúde pública – a enorme quantidade de miséria neurótica no mundo –, reconheceu que o alcance terapêutico da psicanálise era bastante reduzido e que a psicoterapia psicanalítica estava limitada apenas às camadas mais favorecidas da sociedade. Acreditava que algum dia, no futuro, a psicanálise ampliaria seu alcance e considerava necessário que, quando isso acontecesse, o psicanalista adaptasse sua técnica às novas condições, porém mantendo seus principais fundamentos teóricos.[1] Para ele, qualquer linha de investigação que tomasse como ponto de partida a transferência e a resistência teria o direito de chamar-se psicanálise (Freud, 1914/2010b). A pressuposição da existência de processos inconscientes, o reconhecimento da teoria da resistência e da repressão e a apreciação da importância da sexualidade e do complexo de Édipo (Freud, 1923[1922]/1996) constituiriam os principais temas da psicanálise, seu fundamento teórico.

Se, por um lado, Freud defende de forma rigorosa os fundamentos teóricos da psicanálise em suas considerações sobre o método, por outro, predominam as indicações de que não é necessário impor regras muito restritivas: a capacidade de submeter-se a variações deveria ser própria do exercício da psicanálise.

De 1919 para cá, muitos avanços foram alcançados e pudemos assistir a uma constante ruptura do modelo psicoterápico fundado

1 "Para as amplas camadas populares, que tanto sofrem com as neuroses, nada podemos fazer atualmente . . . em algum momento a consciência da sociedade despertará, advertindo-a de que o pobre tem tanto direito a auxílio psíquico quanto hoje em dia já tem a cirurgias vitais. E que as neuroses não afetam menos a saúde do povo do que a tuberculose, e assim como estas não podem ser deixadas ao impotente cuidado do indivíduo. Então serão construídos sanatórios ou consultórios que empregarão os médicos de formação psicanalítica, para que, mediante a análise, sejam mantidos capazes de resistência e de realização homens que de outro modo se entregariam à bebida, mulheres que ameaçam sucumbir sob a carga de privações, crianças que só têm diante de si a escolha entre a neurose e o embrutecimento . . . Então, haverá para nós a tarefa de adaptar nossa técnica às novas condições. . . . mas, como quer que se configure essa psicoterapia para o povo, quaisquer que sejam os elementos que a componham, suas partes mais eficientes e mais importantes continuarão a ser aquelas tomadas da psicanálise rigorosa e não tendenciosa" (Freud, 1919[1918]/2010a, pp. 291-292).

por Freud: de uma prática que era exclusivamente privada, dirigida essencialmente a alguns privilegiados, avançamos para uma prática não mais exclusiva dos consultórios particulares, que pode ser exercida em diferentes enquadres institucionais e que contempla em sua prática também as camadas menos privilegiadas da população.

O trabalho em instituições com crianças e adolescentes em situação de vulnerabilidade

O Núcleo Acesso – Estudos, Intervenções e Pesquisa sobre Adoção é um dos projetos desenvolvidos há aproximadamente vinte anos na clínica do Instituto Sedes Sapientiae.[2] Tem como objetivo colocar o referencial e a prática psicanalíticos a serviço de crianças e adolescentes que tiveram rompidos os laços com suas famílias de origem e que vivem com suas famílias adotivas ou em instituições de acolhimento. O projeto conta com uma equipe de aproximadamente 38 psicanalistas que atendem, em psicoterapia, a crianças e adolescentes em situação de vulnerabilidade social e à rede de relações que os envolve. Realizam-se *vários tipos de intervenções* e supervisões a:

- instituições de acolhimento (abrigos);
- escolas;

2 O Instituto Sedes Sapientiae tem construído um trabalho sólido nas áreas da saúde mental, educação e filosofia. Inaugurado no início da década de 1940 como a primeira clínica psicológica do Brasil, ampliou suas atividades nos anos 1970 até se tornar um espaço que oferece, além do atendimento à população, a formação de psicoterapeutas e abriga vários projetos e centros. Os profissionais vinculados à clínica do Instituto prestam atendimento à população com condições econômicas restritas. A clínica também abriga vários projetos que são concebidos a partir de uma problemática contemporânea por profissionais e/ou equipes que têm interesse na pesquisa, na atenção à rede de saúde mental e na publicação.

- Conselhos Tutelares; e
- profissionais técnicos das Varas da Infância e da Juventude.

Procura-se sustentar a escuta psicanalítica na abordagem de cada caso, sem deixar de lado a atenção à rede, já que um de nossos pressupostos é o risco de que os esforços dispensados nas medidas de proteção a essa população sejam infrutíferos se não for tomado em consideração o entorno no qual se estabelecem as relações intersubjetivas e institucionais.

Em nossa prática, somos constantemente atravessados pela realidade violenta dessas crianças. A violência pode advir das mais diferentes fontes:

- miséria e abandono;
- casos de violência física ou sexual;
- devolução por tutores ou pais adotivos;
- repetição ativa da violência sofrida passivamente.

Em um artigo sobre a escuta psicanalítica de sujeitos em contextos sociais violentos, Rosa (2004) faz referência ao que denomina "psicanálise implicada", constituída pela escuta de sujeitos situados precariamente no campo social. As especificidades dessa prática remetem a articulações em dois âmbitos: junto ao sujeito e junto às instituições. Para a autora, a direção de tratamento proposta junto às instituições parte da demanda e do sintoma referidos a elas e de seus efeitos no sujeito, em um posicionamento implicado na cena onde o que está em jogo são os lugares do sujeito no discurso, na relação entre a instituição, o instituído e o instituinte. Elucida as trajetórias institucionais e seus efeitos, seja de ofertar um lugar simbólico, seja de induzir identidades imaginárias – nessas últimas, em lugar de histórias que podem ser contadas, produzem-se silêncio e impedimento.

Adoção: conceito-limite entre o jurídico, o social e o psíquico[3]

Frequentemente, a urgência ou pressa em reinstituir laços com a família de origem ou instituir novos vínculos familiares pode gerar consequências desastrosas e colocar essas crianças em risco de entrar em um circuito repetitivo e extremamente doloroso de seguidos abandonos. Os casos de devolução de crianças adotadas são muito frequentes, o que constitui uma retraumatização, um óbvio novo abandono.

São inúmeras as causas para o fracasso de uma adoção. Penso que, frequentemente, tanto o filho adotivo como a família adotiva podem ocupar uma posição próxima do que Freud denominou "estrangeiro familiar", em texto de 1919 (Freud, 1919[1918]/2010c). Para o autor, encontra-se na palavra alemã *unheimlich* uma ambiguidade fundamental, já que *heimlich* significa tanto o que é familiar, doméstico, íntimo, quanto aquilo que está oculto e recalcado. O que é aterrorizador, assustador, no mais das vezes habita o familiar. A ambivalência do termo *heimlich* anunciada por Freud, que leva à coincidência com o sentido do seu oposto *unheimlich*, é obtida tanto pelo que é dado a ver quanto pelo que se "esconde", pela impossibilidade de pureza das coisas e dos seres, pela natureza contraditória do mundo, que é extensiva às coisas e aos seres.

A "estrangeiridade", em ambos os lados, precisa ser levada em conta e elaborada. As tentativas de rápida ocupação de posições, como a de "mãe", "pai" e "filho(a)", podem acelerar a rejeição de ambos os lados. Essas crianças experimentaram dolorosos abandonos e, por isso, frequentemente tentam evitar a ocorrência de

3 Perspectiva desenvolvida por Caterina Koltai no seminário "Além da adoção", ocorrido no Teatro Eva Herz, São Paulo, em 2011. Disponível em https://www.youtube.com/watch?v=lhhUO-JYohs.

novos. Não sabem o quanto são desejados por essa eventual nova família – desejam ser desejados, mas preferem abreviar ou eliminar a possibilidade de experimentar o sofrimento que novas rupturas podem causar.

Os pais adotivos, de modo geral, também passaram por experiências muito frustrantes antes da tomada de decisão pela adoção. Muitas devoluções ocorrem porque, colocados por essas crianças no máximo de tensão que conseguem suportar, alguns pais chegam a desistir da continuidade do processo de guarda definitiva em curso.

O desejo de ter um filho, biológico ou adotivo, é carregado por um campo fantasmático que pode determinar o tipo de relação que se estabelecerá entre pais e filhos. As motivações para se ter filhos adotivos envolvem representações psíquicas tão complexas quanto as das crianças que estão disponíveis para adoção, muitas vezes acompanhadas do luto da não transmissão biológica, nem sempre elaborado, que atravessa essas representações.

Como exemplo do tipo de casos a que faço menção, cito o de Ana e Antônio, candidatos a pais adotivos, e, na sequência, apresento o caso dos irmãos Maria e João, ambos abrigados quando encaminhados ao serviço.

Ana e Antônio[4]

Ana e Antônio estão na fila para adotar uma criança há bastante tempo quando finalmente são chamados pela Vara para a adoção de dois irmãos, que estavam sendo atendidos individualmente por analistas da equipe. As crianças tinham histórico de devolução, o que motivou uma solicitação da Vara para que acompanhássemos

4 Os dados do caso clínico aqui citados foram devidamente modificados para evitar a identificação dos pacientes.

também o casal. Os meninos estavam abrigados há alguns anos, muito além do "provisório" sugerido pelo Estatuto da Criança e do Adolescente (ECA).[5] Quando nos são encaminhados, estão no estágio de convivência, período que antecede a adoção definitiva.

Num dos encontros do analista com o casal, Antônio, que vinha se apresentando muito reticente em encontros anteriores, diz que decidiu utilizar aquele espaço para comunicar à sua esposa que está inseguro sobre a adoção, muito assustado com a responsabilidade que iria assumir, e quer desistir de levar adiante o processo. Ana fica bastante surpresa por ele estar manifestando suas dúvidas quando o processo já está tão adiantado. Ele temia que ela não o compreendesse e ficasse decepcionada com a decisão de não continuidade do processo de adoção. Antônio acha que não daria conta de cuidar de crianças, elas "aprontavam", "faziam muita birra", perguntavam constantemente sobre o destino de seus pais biológicos. Sente que vem sendo tratado como um "intruso", e não como aquele que ofereceria a eles "um lar". Sua expectativa tinha sido a de gratidão por parte das crianças pela "atitude bondosa em acolhê-los", e se "sentia bastante frustrado com a atitude agressiva daquelas crianças, nada era como tinha imaginado". Antônio diz que não estava preparado para ser pai de crianças com uma história "tão triste". Durante o atendimento, vai ficando claro que Ana, doze anos mais velha que Antônio, já mãe de dois filhos de um primeiro casamento e impossibilitada pela idade

5 Ao relacionar, em seu art. 101, parágrafo único, as medidas de proteção quando direitos são ameaçados ou violados, o ECA dispõe que o abrigo é medida provisória e excepcional. Destacando-se cada um desses aspectos que caracterizam o abrigamento, temos que ele deveria ser medida: (i) protetiva; (ii) provisória; e (iii) excepcional. Infelizmente, um exame da realidade mostra que, por vezes, o abrigamento não atende a nenhuma dessas condições. Na falta de políticas sociais adequadas, o abrigamento é visto como solução "mais fácil" e passa a ser a regra; na falta de um efetivo trabalho visando ao retorno à família, torna-se permanente; e na falta de uma reflexão técnica sobre a sua função, não provê a proteção no nível em que dela se necessita.

de ter outros, deseja, por meio da adoção, fortalecer o laço entre ela e Antônio, formando com ele o que ela chama de "uma família deles". A questão que se instala é: Ana não sabe se dará continuidade ao processo de adoção sozinha, se conseguiria sustentar uma separação; no período de convivência, diferentemente de Antônio, ela estabelece um laço com os irmãos. De forma diversa de Antônio, "indisponível", Ana está "afetivamente disponível" para adotar. O impasse está ali instalado.

Essas crianças corriam o risco de ser novamente devolvidas. Durante o atendimento, vai ficando clara a necessidade de desacelerar o processo de adoção. Como fazê-lo sem submeter ao prejuízo essas crianças que já estavam "com as malas praticamente prontas"? O trabalho da equipe, por meio de três de seus analistas, dá o suporte necessário a essas crianças. Decide-se pelo atendimento do casal que mantém a guarda temporária. Um analista é designado para ajudá-los a refletir sobre o encaminhamento que dariam ao caso junto à Vara da Infância e da Juventude. Paralelamente, as crianças continuam sendo atendidas individualmente.

Maria e João

No lugar de oferecer proteção, algumas medidas, mesmo que justificadas como visando ao atendimento das necessidades de crianças e adolescentes, acabam precipitando casos de separação da família de origem ou do grupo de irmãos, promovendo novas quebras de importantes vínculos familiares, como o dos irmãos Maria e João.

Eles sabem muito pouco da mãe, com quem tiveram pouco contato. Maria, a mais velha, viveu um certo período com a mãe e o pai, ambos usuários de crack e em situação de rua. A mãe rompe com o pai de Maria e num outro relacionamento, desta vez com um traficante, fica novamente grávida. Imediatamente após o nascimento de João, a mãe é condenada por tráfico de drogas. Maria e João são deixados aos cuidados da avó materna, que, por sua vez, os entrega a um abrigo, alegando não ter condições financeiras para assumir de forma minimamente satisfatória os cuidados dessas crianças. Na ocasião, Maria contava 4 anos e João era um bebê de alguns meses.

Já abrigados, os técnicos relatam que Maria busca proteger e cuidar de seu irmão no abrigo, como supunha que "sua mãe cuidaria" se ali pudesse estar – esse irmão é um dos poucos vínculos amorosos que possui. A única referência familiar dos irmãos além da mãe é a avó, que os visita de forma bastante irregular, muitas vezes "aparecendo" em frente ao abrigo em visitas não protocolares, não oferecendo nenhuma pista sobre quando e se haveria uma próxima visita.

Segundo relatos dos técnicos, a menina sofreu uma série de abusos sexuais: quando em situação de rua, no próprio abrigo por um "educador" que já tinha sido demitido e por um adolescente também abrigado. O abuso no abrigo é denunciado por Maria por meio de um desenho que faz na escola que frequenta. A escola encaminha a questão ao abrigo, que conduz os procedimentos requeridos por lei para esse tipo de caso e a encaminha para terapia, seguindo a recomendação da Vara de Infância.

Maria é encaminhada para atendimento, segundo o técnico do abrigo, "pela criação fantasiosa de um abuso sexual no abrigo, por apresentar enurese noturna, por ser muito agressiva". O técnico faz referência ao abuso que Maria denunciara ter ali sofrido como uma "construção fantasiosa, já que foi constatado não ter havido penetração em exame realizado em um hospital de referência para esse tipo de caso". Maria é descrita como uma criança "muito sexualizada, que se oferece ao adolescente acusado, de forma bastante vulgar, deixando claro o desejo de ser sua namorada". Vale lembrar que Maria contava apenas 8 anos de idade quando encaminhada e que o despreparo do técnico merece atenção da equipe: apresenta Maria como alguém que "pedia" para ser abusada e demonstra pouco conhecimento do que define um abuso sexual.

A partir da denúncia, se instala uma certa urgência em encontrar uma "solução possível", encaminhando Maria para a família extensa e João para adoção. A avó alega não ter condições financeiras para se responsabilizar pela guarda dos dois irmãos, só poderia se responsabilizar pela guarda de um deles. Dava preferência a Maria, por ser menina. Acredita que João, por ser mais novo, mais tranquilo que Maria e "mais clarinho", conseguiria mais facilmente ser adotado. Acredita que não pode roubar-lhe a chance "de viver em uma família que ofereceria a ele melhores condições, mais conforto". A avó também tinha perdido o contato com a própria mãe, tendo vivido durante alguns anos em um abrigo e depois sido entregue aos cuidados de sua avó (bisavó de Maria e João). Era abrigada e desabrigada sempre "que o dinheiro apertava". Abrigar Maria e João foi a única saída que encontrou, única por ela conhecida e experimentada, num longo circuito repetitivo.

São encaminhados para atendimento individual Maria, João e a avó. Várias reuniões com técnicos do abrigo e da Vara da Infância e da Juventude são conduzidas pela equipe. A proposta da equipe junto aos técnicos é a reflexão conjunta sobre eventuais tentativas de acelerar "soluções" como a separação definitiva dos irmãos, pautada na intenção de garantir ao "mais novinho e com mais chances de ser adotado" uma nova família, enquanto Maria permaneceria abrigada ou com a avó. Soluções apressadas poderiam acarretar violentos acréscimos ao sofrimento dessas crianças e da avó, que, endurecida pelo sofrimento e por uma situação econômica cada vez mais precária, não se autoriza a tomar para si o cuidado dessas crianças. O abrigo vinha cumprindo na família uma tentativa de suturar feridas que a situação de pobreza extrema ocasionava. A questão do cuidar vinha, de forma transgeracional, sendo delegada a um outro que, ele sim, devia possuir o "saber" e os "recursos" para o cuidado das crianças.

A escuta (im)possível do desamparo e da vulnerabilidade no laço social

Somos constantemente atravessados pelo impacto das histórias que escutamos. O que na maioria das vezes está em jogo é o contato com a violência, que atinge dimensões concretas: miséria, abandono, negligência, violência física e sexual, pactos de silêncio e disputas com a família de origem, separação de irmãos, devolução de crianças, ausência de dados básicos sobre a própria história...

O impacto que tal escuta pode causar, muitas vezes, nos coloca diante do que Rosa (2016) denomina "resistência do analista". A autora pondera que, confrontado com o degradado no discurso social, o psicanalista pode ter levantado o recalque que promove e procura manter a distância social "e permite-nos conviver alegres, surdos, indiferentes ou paranoicos com o outro miserável" (p. 4). "Nessas situações, a escuta supõe romper com o pacto de silêncio do grupo social a que pertencemos e do qual usufruímos . . . Tal usufruto supõe insistir em manter uma posição de inocência e ignorância sobre as determinações da miséria do outro" (pp. 7-8) e valer-se do discurso sobre a igualdade entre os homens, quando o que está posto é a exclusão. Isso implica colocar a inclusão e a exclusão frente a frente.

Assim, a resistência do analista à escuta do discurso nesta clínica pode se manifestar de várias formas. Uma delas é o de sentir-se paralisado diante do peso da situação social que se apresenta em sua concretude, a complexidade da situação social dificultando a relação intersubjetiva, algumas vezes precipitando a ação no lugar da postura de escuta e descoberta. Nos atendimentos, ressaltamos o risco dos diagnósticos e dos encaminhamentos apressados, a partir de uma comunicação deficiente e de descrições superficiais, com o uso inadequado da teoria e da técnica psicanalíticas. A dificuldade de comunicação pode abrir o caminho para um olhar carregado de estereótipos e preconceitos; a diferença, favorecer relações de poder ou a relação pedagógica sugestiva, de apoio ou orientação, sem levar em conta a possibilidade de o sujeito construir suas próprias respostas. O resultado é que essas pessoas podem ser mais uma vez excluídas, agora por parte daqueles que as deveriam escutar.

> *Vale ressaltar que um outro efeito, ainda, é aderir à teoria e às formas usuais de trabalho, sem atentar para outras formas de expressão do sofrimento, interpretar as manifestações do sujeito como resistência ao trabalho ou ausência de demanda em relação ao mesmo. Nesse caso, pode-se passar a diagnosticar o sujeito por sua expressão, apontando pobreza intelectual ou emocional, estrutura psicótica ou perversa, antes de escutá-lo. Detecta-se frequentemente a utilização defensiva da teoria para reafirmação narcísica do psicanalista/psicólogo e seu gozo de "competência". (Rosa, 2002, p. 6)*

Marcia Regina Porto Ferreira (2014), coordenadora geral do Núcleo Acesso, considera que, para além dos atendimentos psicoterápicos propriamente ditos, é crucial que essa clínica com crianças severamente traumatizadas inclua abordagens da ordem de uma clínica institucional. A clínica da adoção dificilmente pode se manter no consultório particular; a clínica institucional, composta por equipes de profissionais, é considerada a mais apropriada para esses casos. O psicanalista é constantemente convocado a estabelecer contato com as inúmeras instâncias que se responsabilizam por essas crianças, geralmente em caráter de urgência: a família de origem, os educadores, técnicos e gestores de abrigos, os técnicos das Varas da Infância e da Juventude, os candidatos a pais adotivos, os Conselhos Tutelares, a escola.

> *O psicanalista da criança abrigada raramente poderia, e até mesmo não deveria, sozinho se confrontar com as múltiplas demandas inerentes à realidade dessas crianças. Ou seja, muito frequentemente ele é inundado por um excesso de realidade externa que precisa ser metabolizada reportando-se a outros profissionais da equipe e à instância institucional que o protege e o transcende. (Ferreira, 2014)*

O trabalho em equipes no Núcleo Acesso

Para sustentar o encaminhamento e a discussão dos atendimentos clínicos que realizamos, trabalhamos atualmente em duas equipes clínicas, que se reúnem semanalmente, num modelo de trabalho inspirado num dos dispositivos utilizados pela clínica do Instituto Sedes.

O dispositivo equipes clínicas foi criado na clínica do Instituto para atender a pelo menos três objetivos da formação de terapeutas: funcionar como um espaço de inserção de terapeutas aprimorandos, como referência aos pacientes em atendimento e como espaço permanente de discussão das práticas clínico-institucionais. O foco dos terapeutas do Núcleo Acesso é dirigido às inquietações suscitadas pela experiência clínica junto a crianças e adolescentes institucionalizados e adotivos e demais atores desse cenário. Nos encontros clínicos entre terapeuta e paciente, terapeuta e colegas de equipe, e equipe e demais envolvidos das diferentes instâncias que solicitam nossa atenção (familiares de origem, educadores, técnicos e gestores de abrigos, técnicos das Varas da Infância e da Juventude, candidatos a pais adotivos, Conselhos Tutelares, escola), opera-se um processo de transformação subjetiva onde todos estão inapelavelmente implicados, produzindo, como Cruz (2015) assinala, "uma aventura acompanhada, já que coletiva" (p. 17).

Acreditamos que a equipe se constrói a cada reunião, nas diferentes situações e casos novos a nós encaminhados, na decisão tomada ou não em análise, no desafio diagnóstico e de cuidados, na reflexão conjunta sobre os encaminhamentos necessários, no enfrentamento das limitações de espaço físico ou material, pensando sempre na melhoria, na facilitação e no melhor encaminhamento das situações, até mesmo englobando outros serviços existentes na rede pública sempre que se fizer necessário, estabelecendo, dessa forma, parcerias de trabalho.

Procuramos colocar em prática a noção de "construção do caso clínico", que é uma proposta para a prática coletiva em saúde mental que inclui, sempre que necessário, profissionais de outras áreas implicados no atendimento que está em curso, com os quais organizamos diferentes modos de abordagem do caso clínico. Figueiredo (2004) afirma que podemos sintetizar a contribuição da psicanálise para a psicopatologia e para a saúde mental no que denominamos "construção do caso".

A construção do caso clínico "é uma construção democrática na qual cada um dos protagonistas do caso (os técnicos, os familiares e as instituições envolvidas) traz a sua contribuição" (Viganò, 2010) por meio de suas narrativas sobre o caso. Trata-se de reunir as narrativas dessa rede social que acompanha um caso para encontrar o seu "ponto cego", ou seja, o ponto comum extraído das narrativas que aponta para a "falta de saber" que constitui o lugar do sujeito e do sintoma que o sustenta.

No trabalho em equipe em saúde mental, podemos destacar a forma como uma equipe se estrutura como um aspecto decisivo para o destino do trabalho clínico. Ana Cristina Figueiredo (2005) destaca duas lógicas ou modalidades de organização das equipes que podem melhor situar tal problemática: a formação hierárquica e a formação igualitária. Equipes formadas na lógica hierárquica de funções e saberes tendem a burocratizar a clínica, a verticalizar o poder e o saber e a cristalizar as práticas. As igualitárias, por sua vez, tendem a horizontalizar o poder, a misturar as funções, escapando das especialidades, mas caindo na falta de especificidade e confundindo as funções a ponto de perder a referência da clínica e imobilizar o trabalho conjunto. Uma indicação importante da psicanálise apontada pela autora é que não podemos trabalhar sozinhos, mas a responsabilidade do ato é no um a um. A autora levanta a seguinte questão: já que a responsabilidade é de cada um, o que se partilha então na equipe? "O que se partilha é o que se *recolhe de cada caso*, a cada intervenção, para se tecer um saber. . . . o que se recolhe são os elementos fornecidos pelo sujeito, como pistas para a direção do tratamento . . . Essa tessitura é que aponta o caminho a seguir a cada caso, a cada tempo" (Figueiredo, 2005).

Uma indicação da psicanálise para esse trabalho coletivo "em equipe" é a referência à "transferência de trabalho", proposta por Lacan (2003) como uma solução para o que o autor denomina "cola imaginária". Por "cola imaginária" entende as rivalidades narcísicas provocadas pelas "pequenas diferenças" entre iguais, que levam à exclusão e à segregação. Leva em conta o próprio conceito de transferência, central no tratamento psicanalítico, mas dessa vez como um instrumento do trabalho entre pares. A condição de estabelecimento de um laço produtivo entre pares visa, por um lado, ao fazer clínico, prático, e, por outro, à produção de saber que lhe é consequente, teórico.

O trabalho em equipes clínicas procura oferecer um espaço de continência, reflexão e troca sobre as dificuldades clínicas e institucionais relativas aos atendimentos específicos, espaços onde a clínica atravesse e seja atravessada por regras, normas, que viabilizam processos com continuidade e criatividade tanto na produção de conhecimento como na invenção de novos dispositivos.

O trabalho em equipes clínicas do Núcleo Acesso visa, acima de tudo, oferecer um espaço para a metabolização do que o terapeuta experimenta no atendimento a pacientes que sofreram as diversas formas do traumático. Busca também sustentar a posição subjetiva dos profissionais como "aprendizes da clínica", uma posição, como afirma Figueiredo (2019), "estrategicamente vazia de saber *a priori*, um saber em reserva". A organização coletiva da equipe é feita a partir do que sugere a autora como

> *"transferência de trabalho" que diz respeito ao trabalho com responsabilidade partilhada, e não simplesmente transferida de um profissional a outro, fazendo circular o saber que advém do sujeito e não do profissional; e, como corolário do processo, proceder à "construção do caso" que deve se dar "a partir" dos elementos fornecidos pelo sujeito.*

Tal prática levanta questões metodológicas (individuais e/ou coletivas), armadilhas (intervir em nome do bem do outro) e impasses quanto ao desejo do analista. Realizamos reuniões semanais de equipe com a proposta de tentar depreender da experiência do sujeito, de seu discurso – que evidentemente tem um endereçamento, às vezes fragmentário, às vezes bem específico, a determinado psicanalista –, os elementos com os quais se fará a construção do caso, entendendo que ela é sempre parcial e visa dar direções para determinada intervenção ou ação da equipe, sendo passível de revisão na medida dos acontecimentos. A construção do caso pode conter elementos discursivos de familiares, de outros atores envolvidos, como técnicos de abrigos, psicólogos de Vara, juízes, candidatos à adoção e assim por diante, mas não se pode perder o fio de meada, que é a referência ao sujeito em questão.

Como ressalta Ferreira (2014), diante desses impasses, apenas o caminho da reflexão e da constante recriação de nosso instrumental de trabalho pode nos socorrer. A reflexão é o instrumento por excelência para combatermos a angústia e a impotência no trabalho. É ela que possibilita mantermos algum tipo de intervenção, ainda que essa intervenção possa estar muito distante da chamada prática clássica da psicanálise.

> *É a rede de sustentação que o trabalho em equipe oferece que apoia tal reflexão. Utilizamos uma montagem clínico-institucional que opera na própria equipe de psicanalistas, auxiliando-nos para que o excesso de real, primitivo e selvagem que ronda nossos atendimentos não nos ensurdeça, paralise, ou nos faça atuar, o que pode ser observado com grande frequência nos profissionais envolvidos que, identificados com o desamparo, sem a interlocução com os colegas, podem comprometer a operância de sua função. A montagem de dispositivos grupais de discussão de casos que auxiliem na reflexão dos atendimentos psicoterápicos visa não só um afinamento das condutas clínicas de seus membros, mas principalmente um suporte à angústia que os psicoterapeutas vivenciam. (Ferreira, 2014)*

Confrontado com situações-limite, de extrema vulnerabilidade, qual é a tarefa do psicanalista? Penso que oferecer ao sujeito, como afirma Figueiredo (2012, pp. 118-19), uma possibilidade de tematizar, ressignificar e elaborar sua

> *miséria . . . Quanto às histórias de vida, aí temos, ao invés do típico sentimento de 'não há nada a fazer', um manancial de trabalho: como são contadas e recontadas; onde se situa o sujeito; que fantasia aí se tece; do que ele pode realmente se desfazer para dar um rumo minimamente diferente à sua vida?*

O que precisamos é construir uma forma alternativa de uso dos conceitos, trabalhar estes e as teorias como um dispositivo, uma "caixa de ferramentas" que funcionam como alavancas que nos permitem pensar o mundo e suas problemáticas. Essa visão é bem definida pelo filósofo Gilles Deleuze (1972/1979) quando afirma:

> *Uma teoria é como uma caixa de ferramentas. Nada tem a ver com o significante . . . É preciso que sirva, é preciso que funcione. E não para si mesma. Se não há pessoas para utilizá-la, a começar pelo próprio teórico que deixa então de ser teórico, é que ela não vale nada ou que o momento ainda não chegou. Não se refaz uma teoria, fazem-se outras; há outras a serem feitas. (p. 71)*

Referências

Cruz, M. A. S. (2015). Políticas de clínica e políticas de formação. *Revista Percurso*, (55).

Deleuze, G. (1979). Os intelectuais e o poder. In M. Foucault, *Microfísica do poder*. Rio de Janeiro: Graal. (Diálogo ocorrido em 1972).

Ferreira, M. R. P. (2014). Clínica psicanalítica com crianças severamente traumatizadas. Conferência proferida na mesa: "Interrogações a partir da clínica psicanalítica com crianças na contemporaneidade". In II Congresso de Psicanálise com Crianças, *Anais*... São Paulo: Instituto Sedes Sapientiae. Recuperado de https://xdocs.com.br/doc/ii-con-clinica-psicanalitica-com-criancas-severamente-traumatizadas-4olrpdwjjgom

Figueiredo, A. C. (2004). A construção do caso clínico: uma contribuição da psicanálise à psicopatologia e à saúde mental. *Revista Latinoamericana de Psicopatologia Fundamental, VII*(1), 75-86.

Figueiredo, A. C. (2005). Uma proposta da psicanálise para o trabalho em equipe na atenção psicossocial. *Mental*, 3(5), 43-55. Recuperado de http://pepsic.bvsalud.org/scielo.php?script=sci_arttext&pid=S1679-44272005000200004

Figueiredo, A. C. (2012). Os PPPês: profissionais "psi" nos serviços de saúde mental. In A. M. Jacó-Vilela, A. C. Cerezzo, H. B. C. Rodrigues, *Clio-psyché hoje: fazeres e dizeres psi na história do Brasil* (pp. 107-123). Recuperado de https://static.scielo.org/scielobooks/hkyyb/pdf/jaco-9788579820618.pdf

Figueiredo, A. C. (2019). Uma breve revisão da reforma psiquiátrica no Brasil e sua relação com a psicanálise e a psicologia. *Revista Psicologia Política*, 19(44), 78-87. Recuperado de http://pepsic.bvsalud.org/scielo.php?script=sci_arttext&pid=S1519-549X2019000100009&lng=pt&nrm=iso

Freud, S. (1996). Dois verbetes de enciclopédia. In S. Freud, *Edição Standard Brasileira das Obras Psicológicas Completas de Sigmund*

Freud (Vol. XVIII). Rio de Janeiro: Imago. (Trabalho original publicado em 1923/1922).

Freud, S. (2010a). Caminhos da terapia psicanalítica. In S. Freud, *Obras Completas* (Vol. 14, pp. 279-92). São Paulo: Companhia das Letras. (Trabalho original publicado em 1919[1918]).

Freud, S. (2010b). Contribuição à história do movimento psicanalítico. In S. Freud, *Obras Completas* (Vol. 11, pp. 245-327). São Paulo: Companhia das Letras. (Trabalho original publicado em 1914).

Freud, S. (2010c). O inquietante. In S. Freud, Obras Completas (Vol. 14, pp. 328-76). São Paulo: Companhia das Letras. (Trabalho original publicado em 1919[1918]).

Kehl, M. R. (2011). *18 crônicas e mais algumas*. São Paulo: Boitempo.

Lacan, J. (2003). Proposição de 9 de outubro de 1967 sobre o psicanalista da Escola e Carta de dissolução de 1980. In J. Lacan, *Outros escritos*. Rio de Janeiro: Jorge Zahar.

Rosa, M. D. (2002). Uma escuta psicanalítica das vidas secas. *Revista de Psicanálise Textura*, (2).

Rosa, M. D. (2004). *Psicanálise implicada: vicissitudes das práticas clínico-políticas*. Trabalho de extensão universitária realizado no Laboratório Psicanálise e Sociedade do IPUSP e no Núcleo de Estudos e Pesquisa do Curso de Pós-Graduação de Psicologia Social da PUC-SP. Recuperado de https://www.veredaspsi.com.br/wp-content/uploads/2018/04/artigo-miriam-clinica-politica.pdf

Rosa, M. D. (2016). *A clínica psicanalítica em face da dimensão sociopolítica do sofrimento*. São Paulo: Escuta, Fapesp.

Viganò, C. (2010). A construção do caso clínico. *Revista Opção Lacaniana* [Online], ano I. Recuperado de http://www.opcaolacaniana.com.br/pdf/numero_1/a_construcao_do_caso_clinico.pdf

Desacolhimento institucional por maioridade: entre o pertencimento, a segregação e o desamparo[1]

Mariana Belluzzi Ferreira

Miriam Debieux Rosa

Objetivamos problematizar o aparente caráter de repetição de situações de desproteção e violência no processo de desacolhimento institucional de adolescentes por maioridade, considerando os discursos sobre a adolescência presentes nesse processo. Nosso âmbito de discussão consiste na articulação entre psicanálise e política pública de assistência social.

O campo da assistência social consiste em uma política pública instituída pela Constituição Federal de 1988, que, como reflexo de ampla mobilização social, trouxe importantes mudanças ao tomar como responsabilidade pública necessidades até então consideradas de âmbito pessoal ou individual.

---

1 As discussões realizadas neste artigo são um recorte da dissertação de mestrado "Impasses do desacolhimento institucional por maioridade: psicanálise e articulação de rede territorial", efetuada sob orientação da professora livre-docente Miriam Debieux Rosa, no Programa de Estudos Pós-Graduados em Psicologia Social, da Pontifícia Universidade Católica de São Paulo (PUC-SP).

Já a regulamentação e a operacionalização da assistência social como política pública são recentes no Brasil, tendo sido efetuadas em 2005 e vindo a produzir significativos efeitos junto a seus usuários. Como política pública, ela se ancora na prevalência do interesse público, possuindo caráter contínuo, regular, universal e obrigatório. Rompe-se, assim, com a compreensão da assistência social, historicamente construída no Brasil, como "práticas e ações públicas ou privadas de caráter eventual, personalista e descontínuo não submetida[s] a ética pública ou a ética do direito coletivo e social" (Brasil, 2013, p. 14).

Nesse contexto, as situações de desproteção social são compreendidas como expressão de uma questão social, ou seja, de determinantes históricos, políticos e sociais que não podem ser reduzidos ou atribuídos a um sujeito e sua família. Ao entender que uma política pública trata de necessidades sociais, que têm efeitos na vida, no cotidiano das pessoas, é preciso que a gestão ganhe competência e conhecimento na atenção, na superação e na prevenção dessas necessidades (Brasil, 2013).

Ao universalizar a proteção social, a política socioassistencial traz a noção de que é possível o enfrentamento da situação de desproteção à qual um sujeito ou uma família estejam expostos pela participação em um coletivo. Com isso, esvazia-se a compreensão sobre a responsabilidade exclusiva de um sujeito sobre a situação de desproteção que enfrenta (Castel, 1998, citado por Jaccoud, 2009) e inicia-se o debate sobre necessidades coletivas, responsabilidades públicas e lugares de pertencimento e de reconhecimento simbólicos atribuídos pelo campo social a um sujeito e sua família.

Destaca-se, assim, o caráter coletivo e preventivo do direito e das políticas públicas, bem como o fato de o Estado também estar implicado em situações de desproteção, situando o sofrimento do sujeito nos contextos histórico e político-social, e não mais em si mesmo.

Observamos, contudo, que a concepção da assistência social como política é um modelo a ser implantado, um norte, muito mais que uma realidade já efetuada (Brasil, 2013; Sposati, 2009). Como aponta Stela Ferreira (2015), estamos diante do processo de institucionalização da política socioassistencial, resultante da tensão entre os discursos instituído e instituinte presentes neste campo.

Avançar na efetivação dos direitos exige, assim, um trânsito do âmbito individual para o social, consistindo esse trânsito na "raiz fundante da política pública" (Sposati, 2009, p. 27). No campo socioassistencial, exige o deslocamento do âmbito assistencialista, regido por categorias como necessitado, tutelado e carente, para o da compreensão da proteção e do direito, que opera a partir de categorias como necessidades coletivas e responsabilidades públicas.

No que diz respeito especificamente à garantia de direitos a crianças e adolescentes, o Estatuto da Criança e do Adolescente (ECA) efetivou esse trânsito do âmbito individual para o social ao prever o direito universal de proteção integral.

Sobre o processo de desacolhimento institucional por maioridade

A Doutrina de Proteção Integral, que rege o ECA, prevê o acolhimento institucional[2] como medida de proteção integral, excepcional

2 Um exemplo é o Serviço de Acolhimento Institucional para Crianças e Adolescentes (Saica), em São Paulo (SP), que consiste em serviço de proteção social especial de alta complexidade responsável pelo acolhimento de vinte crianças e adolescentes. Esse serviço é referenciado e supervisionado pelo Centro de Referência Especializada da Assistência Social (Creas), e sua execução é regulada por

e provisória, destinada a crianças e adolescentes (0 a 18 anos) separados temporariamente do convívio familiar por terem sido expostos a situações de negligência, abandono, violência física, psíquica e/ou sexual (Brasil, 1990). A principal função da medida de acolhimento institucional é a preparação gradativa da criança ou adolescente e de sua família para a reintegração familiar, considerando os pressupostos do ECA sobre o direito às convivências familiar e comunitária e à provisoriedade do acolhimento institucional (art. 92). O desacolhimento da criança ou adolescente consiste, assim, em um processo, a ser iniciado desde sua entrada na instituição.

Apesar do discurso hegemônico de preservação da convivência familiar, o desacolhimento por maioridade é o destino de 33,8% dos acolhidos, caracterizando-se como terceira causa mais citada de desligamento (Assis & Farias, 2013). Neste cenário, embora a excepcionalidade e a provisoriedade da medida de acolhimento institucional sejam norteadores do trabalho do serviço de acolhimento e dos demais atores do Sistema de Garantia de Direitos de Crianças e Adolescentes (SGDCA), a reintegração familiar não é uma realidade possível para um número expressivo de adolescentes.

Além disso, o desacolhimento por maioridade caracteriza-se como compulsório, na medida em que não se articula às necessidades e aos recursos de cada sujeito e sua família. Realizado muitas vezes de modo abrupto, não consistindo, portanto, em um *processo*, e concebido exclusivamente como uma sentença jurídica, esse desacolhimento produz como principal efeito a perda de direitos básicos do adolescente, pois é impedido de acessar as instituições que

---

parceria operada por meio de convênio, conforme Portaria n. 46 da Secretaria Municipal de Assistência e Desenvolvimento Social (SMADS), que dispõe sobre esse tipo de parceria e a tipificação da rede socioassistencial do município (São Paulo, 2010).

o viabilizaram socialmente, vindo assim a expô-lo a situações de desproteção e violência e, em alguns casos, inclusive risco de vida.

Nesse cenário, a perda de direitos básicos tende a ser compreendida por algumas equipes profissionais como responsabilidade exclusiva do adolescente, sendo-lhe atribuídas identidades imaginárias e segregadoras, via discurso moral – ele é "irresponsável", "preguiçoso", "acomodado"; "não está acostumado com o mundo lá fora"; "foi *mimado* pela instituição"; "não soube aproveitar as oportunidades oferecidas" –, bem como via discurso patologizante – ele é "imaturo", "frágil psíquica e subjetivamente", "pouco resiliente"; "não alcançou a autonomia plena"; "não é autossuficiente". Uma terceira via discursiva consiste na criminalização do adolescente.

É importante salientar que as situações de desproteção e violência vivenciadas durante esse processo de desacolhimento justificaram o acolhimento institucional do adolescente em um primeiro momento. Estamos, assim, diante do caráter de repetição da violência, desta vez perpetrada pelo Estado, que deveria garantir sua proteção, como prevê a política socioassistencial, e atribuída ao próprio adolescente, compreendida como expressão do fracasso de casos individuais. Observamos, então, que a violência reincide de modo silencioso, contudo não menos mortificante.

Frente à ausência de políticas públicas específicas para este setor da população e de concepções e diretrizes referentes à política socioassistencial que possam nortear as equipes profissionais, e diferentemente do desacolhimento para reintegração à convivência familiar, observamos como índice sintomático do desacolhimento por maioridade a ausência de processos de trabalho em rede de cuidados territorial e comunitária.

Nesse cenário, especialmente no caso daqueles que não são inseridos em república jovem ou residência inclusiva nesse processo, observamos a dificuldade, ou mesmo impossibilidade, de construção de estratégias específicas de trabalho referentes ao processo de desligamento. Quando o são, tais estratégias tendem a ser realizadas de modo pontual, descontinuado e fragmentado, revelando o isolamento das equipes profissionais dos serviços de acolhimento. Isolados, os profissionais envolvidos sentem-se frequentemente angustiados, desamparados pela política pública e desamparando os adolescentes.

Esses adolescentes permanecem, assim, submetidos a um atendimento que se coloca na contramão da gestão democrática realizada em rede de cuidados territorial e comunitária, principal diretriz das políticas públicas.

Nesse contexto, observamos o fracasso da própria medida de acolhimento institucional, uma vez que o direito à convivência familiar desses adolescentes não pôde ser assegurado, revelando, assim, a perpetuação da *cultura de institucionalização* de crianças e adolescentes, marca histórica do país (Rizzini & Rizzini, 2004). Diante, contudo, da impossibilidade de reconhecer os fracassos referentes à política pública, essa noção de fracasso é deslocada, não raras vezes, para o adolescente, via discursos patologizantes e criminalizantes a seu respeito.

Compreender o adolescente como o único responsável pelas situações de desproteção e violência enfrentadas durante o processo de desacolhimento por maioridade consiste em individualização de um importante fenômeno político-social. Estamos, assim, diante do velamento do caráter processual do desacolhimento por maioridade, bem como dos contextos institucional, sociopolítico e histórico nos quais o adolescente está inserido e que o constituem, via atribuição de falhas, "incompetências" e desvios exclusivamente ao sujeito adolescente.

Sobre a concepção adotada de adolescência e as práticas decorrentes

No cerne dessa problemática está a discussão sobre a concepção de adolescência adotada pelas equipes profissionais, vigente nas instituições de proteção, pois o significado de um ato e de uma conduta dependerá disso. Nesse sentido, as diversas concepções de adolescência possuem implicações diretas nas práticas das equipes profissionais e nas experiências subjetivas dos adolescentes. Não propomos, com isso, o estabelecimento de uma relação linear e causal entre produções teóricas e as experiências dos sujeitos, mas a problematização deste campo de discussão, propondo que o adolescente consiste em uma realidade psíquica e sociopolítica, não podendo ser dissociado dos contextos nos quais está inserido (Rosa, 2002; Matheus, 2010).

As diversas concepções de adolescência, incluindo aquela vigente nas instituições de proteção, são construções históricas e político-sociais, não podendo ser concebidas como naturais, desarticuladas dos diversos discursos que compõem a cena social e das tensões estabelecidas entre eles. A esse respeito, Rosa (2010) afirma:

> *O campo social é um campo de forças e interesses antagônicos, complexo e conflituoso. . . . No entanto, ao se lidar com esse contexto, observam-se a fragmentação e a oposição entre discursos que se rivalizam pelo poder sobre a criança, o adolescente, a família; promovem-se, por vezes, relações inconscientes ou segmentam-se as práticas de intervenção social, seja no campo da saúde, da educação ou no campo jurídico. O conhecimento sobre os indivíduos ignora o contexto de vida do jovem e*

> *impõe patologias, retirando do sujeito a efetividade de seu discurso e de sua denúncia. (p. 12)*

Dentre os discursos hegemônicos no imaginário social contemporâneo sobre o adolescente, especialmente sobre aqueles acolhidos em instituições, destacamos o jurídico, que atravessa o campo e o discurso socioassistenciais. O discurso jurídico baseia-se, em muitos aspectos, numa visão desenvolvimentista sobre a adolescência. Ao prever etapas do desenvolvimento predeterminadas, esse discurso trabalha com o dever ser, com a norma (Foucault, 1996), operacionalizando-se a partir de um saber prévio sobre o adolescente e compreendendo como desviante aquele que escapa aos seus ditames.

Ao se pretender universal e a-histórico, o discurso jurídico sobre a adolescência definirá o que é e o que não é normal, afirmando a homogeneidade e negando a multiplicidade e a diferença; afirmando uma adolescência única e ideal e refutando a diversidade de experiências dos sujeitos. Nesse contexto, as trajetórias dos adolescentes que não correspondem ao ideal são rapidamente normatizadas, de modo que seus atos tendem a ser lidos como sinais de desvio, patologia e violência.

Concebido de modo dissociado dos laços sociais, o adolescente é compreendido como indivíduo livre, unidade isolada e independente, exclusivamente responsável por suas capacidades, suas conquistas e seus insucessos. Tal concepção produz, assim, a crença de que é possível prescindir do investimento de seus semelhantes e do campo social na passagem pela adolescência (Rosa & Vicentin, 2010) e no processo de desacolhimento por maioridade.

O uso generalizado e indiscriminado da concepção de adolescência como fase universal e a-histórica do desenvolvimento humano incide sobretudo em discursos e práticas oficiais, principalmente junto a adolescentes submetidos às instituições de proteção e à tutela do Estado (Coimbra, Bocco & Nascimento, 2005), tornando necessária sua problematização sobretudo no contexto das políticas públicas.

Sob o aporte da psicanálise implicada (Rosa, 2013), concebemos a constituição subjetiva articulada ao laço social. Seu âmbito de atuação consiste na articulação entre sujeito, sociedade e política, e objetiva a escuta dos sujeitos situados precariamente no laço social. Essa concepção compreende que o sujeito não se constitui como unidade isolada e independente, mas sim na relação com seus semelhantes e com o campo social em que se inscreve.

O campo social é representado ao longo da vida do sujeito por diferentes atores. No contexto do acolhimento institucional, tais representantes serão familiares, professores, profissionais dos serviços de acolhimento e de outros serviços, operadores do direito, conselheiros tutelares, entre outros. Esses representantes do campo social estão incluídos em uma rede discursiva e libidinal, enunciando diversas narrativas e mensagens que atribuem ao sujeito lugares e posições sociais diferentes (Rosa, 2004). Notamos, assim, que o laço social, concebido como laço discursivo, refere-se a como se tecem as relações sociais e aos efeitos de subjetivação produzidos nessas relações.

Articulada à noção psicanalítica de sujeito, e em consonância com as diretrizes da política socioassistencial, concebemos a adolescência como construção histórica e político-social, efetuando assim um enfrentamento à naturalização dessa concepção.

Nessa abordagem, longe de ser fruto de um processo intrapsíquico ou predeterminado biologicamente, compreendemos a adolescência como uma passagem da cena familiar à cena social, consistindo na "operação que expõe a cena social presente na base da cena familiar" (Rosa, 2002). Essa operação refere-se aos impasses enfrentados por cada sujeito no exercício de tal passagem, quando confrontado com a atribuição de um novo sentido à sexualidade e às dissonâncias e contradições do campo social que o antecede e ao qual almeja pertencer.

A passagem adolescente da cena familiar à cena social articula-se à oferta de um lugar de pertencimento e de reconhecimento simbólicos ao sujeito na cena social, dependendo, assim, da antecipação e do pré-investimento que o discurso social faz sobre o lugar destinado ao sujeito adolescente (Aulagnier, 1979).

Quando concebemos a adolescência a partir da inexorável articulação entre sujeito e laço social, devemos considerar a posição que cada adolescente e sua família ocupam no campo social, o lugar a eles atribuído no imaginário social. A passagem adolescente depende, assim, do universo extrafamiliar do sujeito, incluindo a dimensão político-social no próprio trabalho psíquico a ser realizado por ele.

Entendendo que, no âmbito do desacolhimento por maioridade, a passagem adolescente se dá da cena institucional à cena social, faz-se necessário compreender a situação transferencial e o jogo de forças discursivas familiar, institucional e social presentes nessa passagem. Então, nos debruçaremos sobre duas chaves de análise propostas por Rosa (2009) referentes à cena social nessa passagem adolescente: o imaginário social sobre os adolescentes em acolhimento institucional e suas famílias e a implicação decorrente de quem se encarrega do enunciado do discurso sobre eles. No tocante ao imaginário social sobre os adolescentes e os jovens oriundos de estratos empobrecidos da sociedade, salientamos a associação entre juventude e violência (Malvasi & Trassi, 2010; Rosa & Vicentin, 2010), acarretando a falta de atribuição para esses adolescentes, por parte do discurso social, de um lugar no ideal social, contribuindo para a construção de práticas de segregação e violência. Os adolescentes em acolhimento institucional, e aqueles em desacolhimento por maioridade, não escapam a tal associação entre juventude e violência.

Nesse sentido, o modo como se dá o processo de desacolhimento, bem como os efeitos produzidos por esse processo – destacando-se a exposição dos adolescentes à repetição de situações de desproteção e violência – são reveladores do desinvestimento do discurso social nesses adolescentes e do lugar social a ser ocupado por eles. Ainda nesse sentido, em alguns casos, o discurso institucional mais comumente encontrado sobre o adolescente em vias de desacolhimento por maioridade – discurso este que desconsidera os contextos político-social e institucional nos quais ele está inserido – tende a reproduzir, no interior da instituição, o discurso social sobre ele.

No tocante à implicação de quem se encarrega do enunciado do discurso sobre o adolescente, e diante do apagamento do discurso familiar especialmente observado junto àqueles em vias de desacolhimento por maioridade, notamos a predominância do discurso social enunciado via diversos atores. Esse discurso pauta-se sobretudo no saber técnico-científico, tendo como objetivo a normatização dos sujeitos. A partir da norma familiar compreendida como ideal social, esses adolescentes serão relegados a uma posição de exceção, de excluídos.

Tal posição não consiste em permanecer externo ao laço, como poderíamos pensar em um primeiro momento. O excluído, nesse caso, é aquele que está alienado dos discursos institucional e social a seu respeito, que ofertam identidades imaginárias e segregadoras. A dificuldade ou impossibilidade de desvincular-se dessas identidades consiste em fator de alienação dos sujeitos (Poli, 2005). Apesar dos efeitos de segregação que produzem, tais identidades imaginárias tornam-se vias possíveis de laço social para os adolescentes. No âmbito de nosso estudo, os discursos institucional e social tendem a atribuir aos adolescentes um quadro de falhas, desvios e/ou "incompetências" nomeados via discurso moral (como "acomodação", "preguiça", "irresponsabilidade"), via discurso patologizante (como "imaturidade", "fragilidade psíquica ou subjetiva", "ausência ou insuficiência de resiliência"), ou ainda via discurso criminalizante (como "delinquente").

Observamos, assim, que a atribuição de identidades imaginárias e segregadoras aos adolescentes em processo de desacolhimento por maioridade consiste em estratégia de velamento das tensões e dos conflitos institucionais e político-sociais, destacando-se aqueles decorrentes da insuficiência de políticas públicas específicas para este setor da população. Trata-se, então, de devolver aos âmbitos institucional e político-social os conflitos que são considerados falhas, "incompetências", sinais de desvio, patologia e violência dos adolescentes. Pois o significado de um ato ou de uma conduta depende de se escutá-lo a partir de uma perspectiva individualizante, da compreensão do adolescente como alguém portador de uma história, e não isolado de seus laços familiares, institucionais, comunitários e político-sociais.

Por fim, salientamos que conceber a constituição subjetiva articulada ao laço social permite considerar o sofrimento psíquico do sujeito, a partir de seus contextos institucional e político-social específicos, considerando assim a complexidade de sua condição singular. Permite também desconstruir, junto aos agentes do discurso, concepções naturalizadas sobre a adolescência, bem como o discurso instituído no campo socioassistencial, que, ao anteceder a formação desse campo como política pública, tende a individualizar importantes fenômenos históricos e político-sociais.

Referências

Aulagnier, P. (1979). *A violência da interpretação*. Rio de Janeiro: Imago.

Assis, S. G., & Farias, L. O. P. (Orgs.). (2013). *Levantamento Nacional das Crianças e Adolescentes em Serviço de Acolhimento*. São Paulo: Hucitec.

Brasil. (1990). Lei n. 8.069, de 13 de junho de 1990. Estatuto da Criança e do Adolescente. *Diário Oficial da União*, Brasília.

Brasil. Ministério do Desenvolvimento Social e Combate à Fome. Centro de Estudos e Desenvolvimento de Projetos Especiais da Pontifícia Universidade Católica de São Paulo. (2013). *CapacitaSUAS Caderno 1. Assistência Social: Política de Direitos à Seguridade Social*. Brasília: MDS.

Coimbra, C. C., Bocco, F., & Nascimento, M. L. (2005). Subvertendo o conceito de adolescência. *Arquivos Brasileiros de Psicologia*, *57*(1), 2-11.

Ferreira, M. B. (2017). *Impasses do desacolhimento institucional por maioridade: psicanálise e articulação de rede territorial*. Dissertação (Mestrado em Psicologia Social). Pontifícia Universidade Católica, São Paulo.

Ferreira, S. (2015). *Educação permanente no Sistema Único de Assistência Social: gestão democrática para uma ética pública*. Tese (Doutorado em Serviço Social). Pontifícia Universidade Católica, São Paulo.

Foucault, M. (1996). *A verdade e as formas jurídicas*. Rio de Janeiro: NAU.

Jaccoud, L. (2009). Proteção social no Brasil: debates e desafios. In *Concepção e gestão da proteção social não contributiva no Brasil* (pp. 57-86). Brasília: Ministério do Desenvolvimento Social e Combate à Fome, Unesco.

Malvasi, P. A., & Trassi, M. L. (2010). *Violentamente pacíficos: desconstruindo a associação entre juventude e violência*. São Paulo: Cortez. (Coleção Construindo o compromisso social da psicologia).

Matheus, T. C. (2010). *Adolescência: história e política do conceito em psicanálise*. São Paulo: Casa do Psicólogo.

Poli, M. C. (2005). *A clínica da exclusão social: a construção do fantasma e o sujeito adolescente*. São Paulo: Casa do Psicólogo.

Rizzini, I., & Rizzini, I. (2004). *A institucionalização de crianças no Brasil: percurso histórico e desafios do presente*. São Paulo: Loyola.

Rosa, M. D. (2002). Adolescência: da cena familiar à cena social. *Psicologia USP*, *13*(2), 227-241.

Rosa, M. D. (2004). A pesquisa psicanalítica dos fenômenos sociais e políticos. *Mal-estar e Subjetividade*, *IV*(2), 329-348.

Rosa, M. D. (2009). *Histórias que não se contam: o não-dito na psicanálise com crianças e adolescentes*. 2a. ed. São Paulo: Casa do Psicólogo.

Rosa, M. D. (2010). O jovem e o adolescente na cena social: a relação identificação, ato e inserção no grupo social. In *Políticas Públicas em Debate*. Seminário Juventudes: presente e devir, na Fundap, em 31 de março. Recuperado de: https://repositorio.usp.br/item/002269167

Rosa, M. D. (2013). *Psicanálise implicada: vicissitudes das práticas clínico-políticas*. Recuperado de: repositorio.usp.br/item/002746416

Rosa, M. D., & Vicentin, M. C. G. (2010). Os intratáveis: o exílio do adolescente do laço social pelas noções de periculosidade e irrecuperabilidade. *Psicologia Política, 10*(19), 107-124.

São Paulo (Município). Secretaria Municipal de Assistência e Desenvolvimento Social. (2010). *Portaria n. 46 de 2010.* Tipificação da rede socioassistencial do município de São Paulo e a regulação de parceria operada por meio de convênios. Recuperado de: https://www.prefeitura.sp.gov.br/cidade/secretarias/upload/assistencia_social/arquivos/portarias/portaria_46-2010.pdf

Sposati, A. (2009). Modelo brasileiro de proteção social não contributiva: concepções fundantes. In *Concepção e gestão da proteção social não contributiva no Brasil* (pp. 13-55). Brasília: Ministério do Desenvolvimento Social e Combate à Fome, Unesco.

Apadrinhando adolescentes acolhidos

Marcia Regina Porto Ferreira

Sobre adolescentes

Inicio algumas reflexões sobre o acolhimento institucional de adolescentes remetendo-me ao artigo de Joel Birman (2005), "Tatuando o desamparo". Fiel a uma forma foucaultiana de pensar, lembra-nos de que, assim como Philippe Ariès (1960) problematizou o conceito de *criança*, é necessário fazermos o mesmo com o conceito de *adolescente*. Ariès nos mostra que o sentimento sobre a criança não foi sempre o mesmo, como tende-se a pensar, nem a criança foi sempre considerada diferente dos adultos. O encantador quadro *Jogos infantis* (1560), de Pieter Bruegel, ilustra bem o olhar dos adultos daquela época sobre as crianças, como miniaturas de adultos. Não é retratada qualquer distinção entre eles.

Assim, Birman põe em questão uma atual crença num certo naturalismo biológico das idades da vida, contextualizando essas idades tanto nos diferentes momentos históricos quanto nos diferentes segmentos sociais de uma mesma época. Então, há de se contextualizar historicamente a adolescência de nossos dias, circunscrita à sociedade ocidental, mas também numa determinada condição sociopolítico-cultural, para podermos pensar mais particularmente sobre nossos adolescentes acolhidos.

Abreviadamente, diria que Birman nos mostra como a adolescência de nossos dias, em geral, tem surgido mais cedo e se prolongado, provocando, portanto, um encurtamento da infância.

Os jogos eletrônicos e a televisão são lembrados para ilustrar a solidão da infância contemporânea. Sabemos como o brincar não é somente uma diversão para as crianças: brincar é coisa séria. É brincando que a criança compartilha e elabora suas angústias, constituindo, assim, a condição de possibilidade de troca com o outro. A solidão de nossas crianças de que nos fala Birman, portanto, é também para adquirir recursos psíquicos para saber viver, uma vez que são muito frequentemente abandonadas à abusivamente excitante presença tecnológica. Considerando a importância que a psicanálise dá às vivências e às trocas dos primeiros anos para o futuro sujeito, essa solitária, encurtada e abusada infância promete preocupantes repercussões para os anos posteriores. A partir disso, podemos inferir que, em nossos dias, a adolescência aparece mais cedo e, por contar com recursos psíquicos mais precários, dura mais tempo que a das gerações anteriores.

Adolescentes acolhidos: identificações violentadas e violentas

Mas o que pensar, então, sobre adolescentes da atualidade que frequentemente tiveram precoces e bruscas rupturas em sua vida familiar e que, aos 18 anos (maioridade?), estão prestes a sair das instituições de acolhimento? Com que recursos psíquicos e sociais contam para fazer a passagem de perturbadoras cenas familiares para a cena social, mediada pelo acolhimento institucional?

Sabemos que as instituições de acolhimento não são homogêneas, mas a realidade nos faz constatar que, como os atuais pais em geral, grande parte delas apresenta muita dificuldade em preparar seus adolescentes para uma eminente vida autônoma. Se aos 18 anos esses adolescentes são desacolhidos, certamente muitas dificuldades, de várias ordens, terão de enfrentar.

Parece importante salientarmos que esses jovens deparam, desde sempre, com o desprezo que a sociedade em geral transmite, não somente a eles, mas fundamentalmente a seu entorno, sua família, suas origens, sua história. Acredito que meus antecessores na fala já mapearam significativamente, mesmo que nunca seja suficiente, a falta de um lugar dignificante para essa parcela de nossa população. Giorgio Agamben (2010) nos lembra que, na Antiguidade grega, havia a figura do *homo sacer*, que era um ser humano invisível, destituído de cidadania, reduzido à vida nua. É aproximadamente essa imagem que costumamos encontrar sobre a origem, a família, as figuras primárias desses adolescentes na sociedade contemporânea.

Ou seja, esses adolescentes percebem como são olhados quando ultrapassam a invisibilidade, e como a sociedade olha para todo o seu entorno sem os enxergar como sujeitos de direitos e de desejos. Para não sucumbir a essas precoces e violentas desidealização e desilusão de figuras primárias e fundantes, esses jovens sujeitos podem forjar a necessidade de buscar violentas identificações, apresentações e representações, como formas de afirmar sua existência (Rosa, 2002).

Com isso, gostaria não de apressar a conclusão de que a violência das grandes cidades seja praticada pelos sujeitos violentados e, portanto, esses invisíveis adolescentes ganham poderosos maus-olhados, mas de salientar as primárias violências das cidades sobre esses sujeitos, sendo que muito pouco é feito para tentar reverter ou mesmo minimizar os danos a eles causados. Creio que nestes nossos temerosos tempos, precisamos nos esmerar em buscar linhas de fuga, como diriam Deleuze e Guattari (2011), em buscar resistências vitais a mortíferos convites que, muito convenientemente às perversas forças dominantes, podem nos deixar paralisados, melancolizados diante de tanta violência, que certamente gera mais violência.

Apadrinhamento afetivo: enlaçando novas e antigas formas de amar

É nesse sentido que, numa proposta subjetivante, tenho entendido que precisamos apostar muito em práticas potentes que deem visibilidade e voz aos silenciamentos. Acredito firmemente que o apadrinhamento afetivo de adolescentes acolhidos seja uma delas. E por várias razões.

A experiência que vimos realizando no Núcleo Acesso tem mostrado que o apadrinhamento afetivo pode fazer furo em alguns instituídos que entendemos ser enclausurantes e dessubjetivantes. Entendemos que o apadrinhamento afetivo pode ajudar a desconstruir a idealização da limitante família nuclear burguesa, ainda firme e forte em nossos discursos, potencializando a relativa abertura para novas configurações familiares e sociais.

Joel Birman (2017), mais uma vez, pode nos ajudar a constatar como essa mesma família nuclear burguesa, cantada em rimas e versos, é altamente perniciosa, principalmente no que se refere aos cuidados com crianças e adolescentes. No vídeo "A evolução da família", ele nos conta que a forma como entendemos família na contemporaneidade é datada historicamente. A ideia de família foi mudando no decorrer da história. Antes da Revolução Industrial, nos séculos XVIII e XIX, a sociedade se organizava de forma menos privada, mais comunitária, sendo que a família extensa, não necessariamente constituída por laços de parentesco, se responsabilizava pelos cuidados com as crianças.

Em uma palestra ao Tribunal de Justiça, eu brinquei com uma ideia que me parece plausível de ser repetida: o apadrinhamento afetivo não deixa de ser um *retorno do recalcado*: o retorno da recalcada família extensa de tempos menos individualistas que os nossos. Se quisermos ser mais contundentes, poderemos afirmar que a família de depois da Revolução Industrial é antissocial, grandemente narcisista, uma vez que empobrece os laços que unem crianças e adultos fora do âmbito privado e de parentesco. Esclarecendo, nossa questão não é com o conceito de família, mas com determinado modo de se pensar família que foi se impondo na história como se fosse o melhor e único. Freud revelou muito do que essa família pós-Revolução Industrial produz de sofrimento e mal-estar.

Nesse sentido, vale a pena lembrar o grande esforço que tivemos de fazer para defender a legitimidade jurídica não apenas da adoção de crianças, principalmente maiores e adolescentes, mas também das adoções monoparental e homoparental, uma vez que não combinam com um ideal de família inventado para colocar as formas de viver a serviço dos poderes econômicos dominantes.

Desconstruindo instituídos para instituir

É nessa direção, fazendo valer a ética psicanalítica que busca promover que o sujeito se apresente, que o Núcleo Acesso desenvolve o programa de apadrinhamento afetivo de forma tal que não escolhemos quem apadrinha quem, nem a forma como cada um inventa ser padrinho e afilhado. Dá muito mais trabalho, certamente, mas também mais credibilidade à sua consistência.

Aliás, algo que frequentemente discutimos em nossos grupos é o nome desse programa. *Apadrinhamento* necessariamente remete, a princípio, à *substituição* da família de origem cristã, e secundariamente à *ampliação* de laços amorosos. A ideia que propomos é a da afirmação de uma forma de laço social e de expressar amor que não necessariamente se espelhe na imagem de qualquer outra: mais positiva e legítima, portanto. Na medida em que primamos pela multiplicidade de invenções do humano, como a psicanálise preconiza, não trabalhamos no sentido de reproduzir uma prática religiosa, por melhor que seja, na tentativa de garantir a diversidade.

Contudo, seguimos usando o termo "apadrinhamento", uma vez que esse programa está assim nomeado.

Apadrinhamento e adoção

Então, o apadrinhamento afetivo problematiza a idealização sobre determinada concepção de família, que se acredita soberana, mas também as múltiplas formas de cuidados de crianças e adolescentes.

No imaginário social, incluindo seriamente o imaginário de crianças e adolescentes acolhidos, toda e qualquer aproximação dos adultos a eles deveria ter *naturalmente* a adoção como ideal e como meta. Trabalhamos no sentido de que a adoção não seja necessariamente a proposta dos padrinhos nem dos afilhados, embora seja uma possibilidade porque, como disse, apostamos na potência criativa das várias formas de amor, de investimentos amorosos, de laços sociais, principalmente quando dirigidos a sujeitos em constituição. Ou seja, sem banalizar a complexidade do que é da ordem do desejo, temos de considerar que o imaginário também é construído socialmente e a sociedade ocidental contemporânea oferece reduzidas formas de vinculações, reduzidas formas de sonhar.

Retomando a conhecida fórmula "a oferta cria a demanda", o apadrinhamento afetivo pode vir a ganhar legitimidade no imaginário social, da mesma forma que as paternidades adotivas tiveram de conquistar, e que as homoparentalidades e monoparentalidades adotivas ganharam, apesar das fortes resistências ou descréditos de grupos conservadores, como continuamos a ver acontecendo. Penso ser quase dispensável justificar a relevância desse programa, que amplia não só os repertórios de laços sociais e amorosos possíveis para esses jovens, mas também os repertórios e as ofertas da comunidade em geral. Se contextualizarmos o adolescente de nossos tempos, como fizemos no início deste capítulo, veremos que o desamparo se agrava enormemente naqueles que estão prestes a ser desacolhidos, e esse programa pode se tornar um grande alento.

Grupo

Outra proposta fundamental em nossa prática é a aposta no *trabalho grupal*. O histórico de vários de nós em formação teórica, abordagens grupais e experiências em comunidades terapêuticas, em particular na Comunidade Terapêutica Enfance, do saudoso dr. Oswaldo Di Loreto, nos convence de que grande parte do sucesso do apadrinhamento é esperada do investimento não nos padrinhos isoladamente, mas no grupo que vai se formando nas reuniões com eles realizadas.

Diferentemente de um mero agrupamento, trabalhamos no sentido de facilitar a emergência de um espírito grupal que potencialize a força necessária para lidar com situações muito difíceis que o universo do acolhimento institucional, de grande vulnerabilidade social e psíquica, exige. Certamente esse é um grande desafio, e por isso mesmo instigante, na medida em que a contemporaneidade perdeu há algum tempo a aposta no grupo, na coletividade, na comunidade, porque doutrinada a pensar de forma eminentemente individualista. É muito interessante constatar como os padrinhos começam esse processo muito preocupados em escolher e ser escolhidos, para então se abrirem para compartilhar o que dessa experiência os afeta e como, de forma mais generosa e menos competitiva. Os depoimentos de padrinhos recorrentemente afirmam que não ganharam apenas afilhados, mas uma surpreendente vivência grupal.

Outra concepção importante para nós é a de *referência*. Baseamo-nos em muitos trabalhos grupais e institucionais, especialmente em saúde mental e educação, que sustentam a potência da eleição, de preferência espontânea, de uma figura de referência significativa para cada sujeito em questão. Nesse sentido, pensamos que o grupo de padrinhos vai sendo gradativamente colocado na função de referência para a vidas desses jovens, cada um à sua maneira.

E tem mais. Trabalhamos de forma que um adolescente possa ter mais de um padrinho, tanto quanto um padrinho possa ter mais que um afilhado se desejar, tentando fugir da lógica-padrão de fundamentais exclusividades para ganhar nas qualificadas multiplicidades. As escolhas são complexas e eu não conseguiria simplificadamente descrevê-las. Aproximadamente, poderíamos dizer que, depois de vários encontros entre padrinhos e afilhados, ouvimos as escolhas dos adolescentes e as comunicamos aos padrinhos, dando especial crédito para as impressões destes, acreditando que seja fundamental serem muito escutados para que possam sustentar sua função.

Uma rede rizomaticamente implicada

Um conceito também muito considerado neste trabalho é o de *implicação*. Procuramos trabalhar, por meio de variados dispositivos, no sentido de uma significativa apropriação ser alcançada por todos os envolvidos nesse programa: a equipe do Núcleo Acesso, os adolescentes, os padrinhos, os Serviços de Acolhimento Institucional para Crianças e Adolescentes (Saicas), os técnicos das Varas da Infância e da Juventude e quem mais no caso a caso se fizer necessário. Se nossa proposta é o trabalho em uma rede *rizomática* (Deleuze & Guattari, 2011), ou seja, sem uma rigidização na sua formação, podendo ir se desenhando no caminho, tomando variados contornos, tal qual a grama *rizoma*, o programa de apadrinhamento afetivo nos mostra muito trabalho ainda por ser feito. Sabemos da imensa contribuição e da grande implicação do Tribunal de Justiça para com esses meninos e meninas que se vêm às portas dos Saicas a caminho de saírem de lá, muitas vezes para acabar em lugar algum. Temos mais é que investir mesmo, e muito, no chamamento, na implicação da sociedade junto às mazelas sociais, porém tememos que, sem uma maior implicação de políticas públicas, fundamentalmente levadas pela assistência social – na figura dos Centros de Referência Especializados de Assistência Social (Creas) e dos Centros de Referência da Assistência Social (Cras) –, estejamos jogando no colo da população, dos padrinhos, aquilo que teriam de suprir em decorrência de uma omissão do Estado. Ou seja, tememos que nosso trabalho acabe servindo para acobertar omissões de políticas públicas na promessa de direitos para todos.

Por outro lado, apostamos que a aproximação da sociedade em geral à realidade dos acolhimentos institucionais, com o programa de apadrinhamento afetivo, também possa escancarar e tornar mais ruidosas essas mesmas omissões. Que esse programa, então, provoque produtivos incômodos!

Acho que poderia encerrar com o convite e o desejo de que continuemos permanentemente a nos juntar, de diversas formas, para afinar e refinar a rede em construção, sempre com a alegria que esses encontros costumam provocar.

Referências

Agamben, G. (2010). *Homo Sacer: o poder soberano e a vida nua* (Vol. I). Belo Horizonte: Editora UFMG.

Ariès, P. (1960). *História social da criança e da família*. Rio de Janeiro: Zahar.

Aulagnier, P. (1979). *A violência da interpretação*. Rio de Janeiro: Imago.

Birman, J. (2005). Tatuando o desamparo. Recuperado de: https://www.ufrgs.br/psicoeduc/chasqueweb/edu01011/birman-tatuando-o-desamparo.pdf

Birman, J. (2017). A evolução da família. *Café filosófico CPFL* [canal do YouTube]. Recuperado de: https://www.youtube.com/watch?v=74uaghhoxns

Deleuze, G., & Guattari, F. (2011). *Mil platôs: capitalismo e esquizofrenia 2* (Vol. 1). São Paulo: Editora 34.

Rosa, M. D. (2002). Adolescência: da cena familiar à cena social. *Psicologia USP*, *13*(2).

Da contenção ao contorno: a narrativa do processo de desmedicalização de uma criança acolhida

Marina Galacini Massari

Maria Cristina Gonçalves Vicentin

O modo contemporâneo de produção de subjetividades encontra na profusão de diagnósticos e alternativas de "tratamento" em saúde mental o que vem sendo chamado de medicalização das vidas, isto é, a intervenção crescente nas "dificuldades da existência" pela via da medicação e da leitura sintomatológica, ancorada na difusão da medicina como bem de consumo e vetor de produção de estilos de vida saudáveis. Questiona-se, com esse conceito, a crescente relação entre a oferta e a demanda de diagnósticos e tratamentos e o modo como os sujeitos, suas relações e seus conflitos podem ser reduzidos e aprisionados (Aguiar, 2004).

Um campo menos discutido, mas igualmente relevante quanto à presença e aos efeitos dos processos de medicalização, é o das políticas de assistência, em especial os serviços de acolhimento de crianças e adolescentes. Esse recorte evidencia que, a despeito da

Reforma em Saúde Mental (Brasil, 2001) e do Estatuto da Criança e do Adolescente (ECA) (Brasil, 1990), a cultura manicomial na forma da institucionalização (Rizzini & Pilotti, 2009) infantojuvenil ainda se faz presente.

Exemplo disso é o estudo de Blikstein (2012) que se debruçou sobre os arquivos de internações de crianças e adolescentes, entre 2005 e 2009, em um hospital psiquiátrico (hoje transformado em outro serviço da rede de saúde). No período pesquisado pela autora, as crianças e os adolescentes sob tutela da justiça estavam mais sujeitos à internação psiquiátrica e, quando adentravam esse dispositivo, eram objetos de intervenções com características distintas das outras crianças e adolescentes: maior tempo de internação e alta condicionada à autorização judicial.

A análise desses documentos evidencia as atualizações da parceria entre justiça e psiquiatria, cuja genealogia já havia sido descrita por Foucault (1973-1974/2006) com a noção de psiquiatrização, para problematizar os modos de governo de crianças e suas famílias por meio de estratégias classificatórias e interventivas acionadas pelo saber-poder psiquiátrico, circunscrevendo condutas consideradas desviantes ou anormais.

A partir desses dados e da noção de que a "desinstitucionalização" está muito menos relacionada com as estruturas físicas dos serviços de saúde e muito mais com as práticas que legitimam certa compreensão de cuidado (Rotelli, 2002), nos cabe a pergunta: as práticas de saúde mental dirigidas a crianças e adolescentes em serviço de acolhimento institucional estão a serviço do cuidado ou do controle de seus corpos?

A apresentação e a discussão da trajetória de uma criança acolhida nos permitirão observar o modo como essas tensões se operam nos discursos profissionais e produzem marcas na subjetividade de quem é objeto de tal enunciação. João[1] é uma das histórias que estão por trás dos números do estudo de Blikstein (2012). Em uma pesquisa sobre a trajetória de "desmedicalização" de um serviço de acolhimento (Massari, 2016), João era muito citado pelos profissionais entrevistados. Debruçamo-nos, portanto, em seus documentos arquivados naquela instituição. Soubemos, então, que ele era um dos meninos vindos de serviço de acolhimento que foram internados compulsoriamente no mesmo hospital e no mesmo período estudado por Blikstein.

Tornar vivos os papéis em uma história foi o compromisso que se impôs como desdobramento daquele trabalho e como estratégia metodológica da pesquisa que buscou construir uma narrativa-memória, remontando os muitos fios destas histórias fragmentadas. João elucida, por meio de sua trajetória, o modo como as práticas patologizantes e institucionalizantes de cuidado em saúde seguiram se reproduzindo e se atualizando, mas como puderam também encontrar enfrentamentos potentes.

Relato clínico

João passou por nove serviços de acolhimento entre a capital e o interior do estado de São Paulo. Na maioria das sucessivas mudanças, alegava-se que a criança não correspondia ao "perfil" das instituições.

Ainda na primeira infância, morou em dois serviços de acolhimento. Em nome de uma "intensa dificuldade de mantê-lo no abrigo", uma ordem judicial fez com que o Hospital Psiquiátrico

1 Nome fictício.

Pinel,[2] que recebia apenas adolescentes de 12 a 18 anos, internasse João aos 7, em 2005.

Dez dias depois, o hospital pediu a liberação do menino, contrariando as hipóteses de "transtorno psicótico, transtorno de conduta e transtorno de déficit de atenção/hiperatividade (TDAH)". Defendiam, ainda, que fosse cuidado em Centro de Atenção Psicossocial Infantil (CAPS i), ressaltando a importância da sustentação de seus laços familiares e comunitários.

Foi transferido então para um terceiro serviço de acolhimento: um sítio que, com reduzida equipe técnica, tinha a capacidade de atender até trezentas pessoas. Aos 9 anos, mudou-se novamente, desta vez para a região metropolitana de São Paulo. João estava agora em um serviço que colocava em questão sua ida à escola por conta do que chamavam de "comportamento arredio".

Finalmente, uma nova determinação judicial trouxe-o de volta para a cidade de São Paulo, uma vez que era onde estavam suas referências familiares, sendo acolhido, desta vez, em um centro de reabilitação na Zona Leste. Aos 10 anos, em 2007, não sabia comer com talheres, usava fraldas e não falava, mas o que de João incomodava o serviço era o "desacato aos profissionais", a "irritabilidade" e a "falta de interesse em participar das atividades".

Então, João foi encaminhado para um "lar" em uma cidade do interior de São Paulo. Sua mãe não era avisada dessas mudanças. Quando finalmente soube, começou a enviar cartas ao filho:

> *São Paulo, 15 de outubro de 2008. Querido filho João: João, a mãe ainda não foi te buscar porque o juiz não*

2 Trata-se do hospital estudado por Blikstein (2012), hoje Centro de Atenção Integrada em Saúde Mental (CAISM) Phillippe Pinel, localizado em Pirituba, Zona Norte de São Paulo, onde também funciona um CAPS i.

> *autorizou. Você já está grande, já está com 11 anos. Filho, você está estudando? Estuda, meu filho. João, a mãe alugou uma casa que tem um quartinho para você. A mãe vai comprar uma cama para você. João, a mãe tem um esposo. Ele se chama Elias. Você vai gostar dele. Ele trabalha. Ele é bonzinho. João, tenha mais um pouco de paciência que o juiz vai me chamar e eu vou pegar você. João, eu amo muito você, não vejo a hora de poder ver você. Estou com muita saudade. João, a mãe não sabia onde você estava. Agora que a mãe está sabendo porque a assistente social do fórum ligou para casa da vó e deu o endereço. Não sei se posso ir aí te ver. João, aqui termino com muitos beijos e abraços de sua mamãe Sônia. João, o tio Elias manda abraços para você. Falou para você ficar bonzinho que ele vai ajudar a mãe a falar com o juiz para te buscar. Fica bonzinho. Te amo, meu filho! Escreva uma carta para a mãe. Eu vou ficar feliz.*

No final do ano seguinte, 2008, João estava de volta a São Paulo. Quando chegou, quatro medicamentos eram administrados sob o diagnóstico de "retardo mental". No CAPS i, a este se somaram outros: "distúrbio reativo de vinculação da infância", "transtorno desafiador-opositor" e "transtorno de conduta".

Os relatórios de 2009 dividem-se em: (i) relatos de muitas vezes que o serviço recorreu ao Serviço de Atendimento Móvel de Urgência (Samu) para levar João ao pronto-socorro por conta da "agressividade" e da "resistência em obedecer às regras" e (ii) relatos de "melhoras" associadas a "maior interação" e "menor agressividade". A saúde de João estava, portanto, relacionada à sua docilidade: quanto menos "resistisse às regras", menos reagisse, mais eram apontadas "melhoras" em seu quadro clínico.

João voltou a frequentar a escola. Lá, porém, encontrou uma mulher, mãe de um de seus colegas de sala, que não suportava sua presença na mesma escola do filho, que "chegou primeiro à escola" e "não tomava remédio psiquiátrico". João, segundo ela, apresentava "risco" para os demais colegas por morar em um abrigo e não ter mãe. Como encaminhamento, João passou a frequentar a escola acompanhado de um educador do serviço, por um período reduzido e em sala diferente do filho daquela senhora. A equipe do Serviço de Acolhimento Institucional para Crianças e Adolescentes (Saica), porém, reagiu: via riscos nessa decisão, "uma vez que ambos relatam ser amigos e a transferência reproduz mais uma vez o histórico de perdas de João".

Já no começo de 2010, iniciaram-se novas tentativas de transferência de João, na época com 12 anos, em função de conflitos com um funcionário do abrigo. Mas João dava pistas de onde estava seu desconforto. A psicóloga que o atendia dizia dos pedidos de ajuda dele para aprender a "lidar melhor com as pessoas". Sentia os rompimentos de suas relações. Estava ansioso e angustiado porque sabia que mudaria de novo de abrigo e teria de "aprender de novo a conviver com todos". João tinha clareza de sua "dificuldade em pedir desculpas" e contava que "quando erraram com ele, nunca fizeram nada".

A última mudança que fez teve uma aproximação gradual e acompanhada. A nova equipe trabalhou por um período com a profissional que era então de referência do menino. A enfermeira era quem o acompanhava nas aquisições e nas tarefas do cotidiano. Dizia, por exemplo, que João se irritava muito quando não conseguia pegar o talher e levá-lo até a boca nas refeições. Nos dias em que ela não estava, a descontinuidade do tipo de cuidado estabelecido fazia com que João, frente a alguma dificuldade, jogasse tudo no chão. O desenrolar desses episódios era frequentemente o mesmo: "Amarravam ele e o levavam para o hospital".

João e sua mãe conheceram o novo Saica[3] antes de João se mudar, em 2011, aos 13 anos. Chegou já conseguindo comer e falar um pouco, mas ainda era muito medicado. À medida que a equipe ia tirando-o do lugar de doente, um processo de tomar posse da própria história se iniciava. A então coordenadora do Saica conta que reuniu todos os documentos de João que estavam espalhados pelas instituições que passou: "começamos a contar para ele a história dele. Ele não lembrava, não sabia. Dizia que tinha '*flashes*'. Não tinha conexão".

A aposta da equipe em tomá-lo para além de um conjunto de sintomas facilitou que ele pudesse se haver e se interessar por conhecer sua própria história. De todos os seus relatórios, gostava especialmente de um, o primeiro, de quando tinha 3 anos e foi internado no Hospital Pinel:

> *Contrariando os relatos do abrigo, que davam João por uma criança arredia e avessa a contato físico, mostrou-se muito carinhoso, chegando a correr para abraçar-nos. É claro que alguns comportamentos menos adequados ocorrem . . . É uma criança bastante inquieta, cheia de energia, e está sempre buscando alguma forma de contato. Por vezes o faz de forma carinhosa, e por vezes de forma agressiva, tendo sido medicado por agitação algumas vezes. Vale ressaltar que muitas vezes sua busca*

---

3 A Casa das Expedições é um serviço de acolhimento na cidade de São Paulo que possui uma trajetória importante de enfrentamento à medicalização de crianças e adolescentes acolhidos. Trata-se de uma equipe que assumiu, na década de 1990, a coordenação de um Saica e transformou as práticas manicomiais que imperavam até então em metodologias de cuidado em saúde e garantia de direitos. O percurso desse trabalho é desenvolvido em Massari (2016).

> *por carinho é interpretada pela equipe como sexualmente inadequada, e acaba sendo proibida, ou até punida, o que limita ainda mais suas possibilidades de encontrar outras formas de relação além da agressão. O importante, porém, é a distinção clara que foi possível fazer entre uma criança com dificuldades de relacionamento, condizentes com sua história de abandono, e uma criança com transtorno mental grave . . .*

A então coordenadora do Saica lembra de ter lido esse documento para João muitas vezes na mesma semana, sempre que ele pedia. Justificava: "é que agora eu estou pensando e eu estou entendendo a minha história. Mas como eu demoro para pensar, eu preciso que você leia várias vezes para eu entender o que aconteceu comigo".

Neste percurso de buscar a própria história, decidiu pedir ajuda à mãe. "Ela fez, então, uma macarronada, que sabia que ele gostava, e começou a história dele pela história dela."

Sônia veio da Bahia para São Paulo aos 11 anos, quando sua mãe decidiu reunir os oito filhos que havia deixado sob os cuidados de famílias diferentes. A mãe de Sônia percebeu que seria difícil a vida na cidade grande e, como estratégia de cuidado, internou-a na Fundação Estadual para o Bem-Estar do Menor (Febem). Assim, na visão dela, a filha teria melhores cuidados, alimentação e ensino. Nessa unidade ficou até os 15 anos, recebendo visitas da família. Dos 15 aos 18 anos, tal qual João, Sônia foi transferida sucessivamente de instituição e perdeu o contato com a família. Aos 18 anos, semialfabetizada e sem contatos com pessoas de referência, passou a trabalhar de "bicos" e foi acolhida na casa de conhecidos. Logo foi para as ruas, onde começou sua trajetória de envolvimento com drogas, sendo então denunciada por "negligência" aos cuidados

dos filhos. O acolhimento institucional dos filhos veio com a recomendação do conselheiro tutelar da época para que a mãe fosse impedida de visitá-los.

Em um dos encontros de acompanhamento terapêutico oferecido pelo Saica, Sônia relatou que se sentia uma "nova pessoa": mais segura, madura e feliz consigo mesma. A saída de João do Saica se deu em 2013, quando tinha 16 anos. Uma de suas tias manifestou a intenção de se responsabilizar por ele. Sônia concordou que a irmã cuidasse de seu filho.

Como um dos resquícios de sua trajetória por tantas instituições, João trazia a carteirinha do transporte público municipal especial para "pessoas com deficiência". Essa carteirinha era sempre tema de intervenção dos educadores. João falava: "Para, deixa eu com a minha carteirinha". Aos poucos começou a andar com o bilhete comum, mas seguia com a carteirinha no bolso. Quando questionado, respondeu: "Se faltar dinheiro algum dia aqui na casa eu uso ela, ninguém precisa saber que eu não sou louco".

Comentários sobre o relato clínico

João sintetiza nessa frase o modo como pôde, com o tempo, se apropriar de sua história e transformá-la ativamente. Anuncia, ainda, que reconhece quem foram seus aliados nesse processo, com quem seguirá em parceria, podendo, agora, para além de ser cuidado, também cuidar se for preciso.

A história de João evidencia práticas muito presentes no circuito do acolhimento institucional. A trajetória de sua mãe, judicializada e desassistida em seus direitos básicos, foi reduzida à incapacidade de estar próxima e cuidar de seus filhos. Ainda, o modo como os serviços pelos quais João passava o afastavam dela é efeito de um imaginário relativo à periculosidade dessas famílias. Nesse sentido, o protesto da mãe daquele amigo da escola choca porque nomeia toda uma lógica que segue se perpetuando em silêncio. Havia um conjunto de práticas que invisibilizava aquela família como tal. A verdade, que poucos queriam ver, era que João tinha, sim, uma mãe.

De fato, a despeito de o caso se dar na vigência do ECA, chama a atenção: (i) a rápida decisão pelo acolhimento institucional de João; (ii) seu afastamento do território – e mais de uma vez da própria cidade, sem que a família fosse informada; e (iii) o pouco investimento dos serviços no trabalho de sustentação dos vínculos familiares e comunitários do menino.

Frente à dificuldade de lidar com os conflitos, os encaminhamentos e as transferências foram as saídas encontradas pelas diferentes equipes, bem como as internações. Evidencia-se uma lógica perversa: João é isolado da família e segue sendo isolado nos sucessivos serviços de acolhimento. Há aqui uma estratégia de apagamento dos conflitos e, logo, dos sujeitos que os enunciam, reforçando o que Guirado (1986) chama de "vínculo com o abandono".

João é silenciado também pelo discurso médico, capaz de transformar em sintomas as ações de uma criança que reage. João foi, por toda a sua infância e a sua adolescência, marcado por esse discurso por meio da descrição de comportamentos, da categorização de sintomas e das intervenções no sentido de sua docilização: "agressivo quando contrariado", "incapaz de lidar com frustrações", "sedutor", "instável", "com baixa tolerância a frustração", "com dificuldade em atender orientações, regras ou limites estabelecidos", "arredio", que lhe renderam diagnósticos de "transtorno de conduta", "TDAH" e, ainda, "transtorno psicótico" e "retardo mental".

Os relatórios dos serviços de acolhimento e das escolas pelos quais João passou documentam o modo como suas dificuldades eram rapidamente tomadas como sinais de adoecimento. Evidenciam um olhar que concentra na pessoa portadora dos sintomas toda a responsabilidade pelo que se dá. Sob essa lógica, não havia outra estratégia de cuidado senão idas frequentes ao pronto-socorro e internações psiquiátricas, além da administração constante de altas doses de medicação. Nesses espaços, o modo como as "evoluções" de João eram narradas, seguidas de comportamentos "calmos", "tranquilos", "tolerando frustrações", evidencia uma corrida contra qualquer tipo de movimentação e conflito dentro dos serviços.

No último Saica em que morou, João foi tomado como sujeito. Práticas que parecem simples mudaram completamente seu modo de ser e de estar no mundo e naquele espaço. O que é próprio seu deixou de ser "anormalidade" e passou a constituir uma experiência no campo da convivência. O modo como João "tolerava frustrações" ou "colocava-se de forma desafiadora" era agora ação possível; vias de produção de sentidos dentro de sua história. Permanecer lá trouxe a ele a possibilidade de estar junto, compor em um cotidiano com os outros. Houve, para isso, um movimento de resistência dos profissionais às formas estanques de vida, à rotulação das diferenças, a um fazer profissional que desconsidera o sujeito.

Da mesma forma que o fim dos manicômios não garante o fim das práticas manicomiais, as conquistas do ECA não garantem a superação da doutrina da situação irregular. Os serviços de acolhimento e de saúde são chamados a assumir suas posições: colocar-se ao lado, comprometer-se, proporcionar às crianças e aos adolescentes a sustentação necessária para que possam experimentar a infância e a adolescência.

João reflete, em seu corpo, as dificuldades de articulação da rede e de sustentação coletiva de projetos terapêuticos singulares. Sua história evidencia uma narrativa de resistência aos discursos medicalizantes na medida em que conta a trajetória de um menino que encontrou companhia em uma luta que vinha travando sozinho:

uma equipe que se propôs a desestabilizar o que aparecia produzindo assujeitamentos para ativar processos de subjetivação que constituíssem novas possibilidades de vida. A contenção que anulava o corpo de João pôde, aos poucos, ceder espaço para algo que o contornasse.

Referências

Aguiar, A. A. (2004). *A psiquiatria no divã: entre as ciências da vida e a medicalização da existência*. Rio de Janeiro: Relume Dumará.

Blikstein, F. (2012). *Destinos de crianças: estudos sobre as internações de crianças e adolescentes em Hospital Público Psiquiátrico*. Dissertação (Mestrado). Programa de Estudos Pós-Graduados em Psicologia Social, Pontifícia Universidade Católica, São Paulo.

Brasil. (1990). Lei n. 8.069, de 13 de julho de 1990. Estatuto da Criança e do Adolescente. *Diário Oficial da União*, Brasília.

Brasil. (2001). Lei n. 10.216, de 6 de abril de 2001. Dispõe sobre a proteção e os direitos das pessoas portadoras de transtornos mentais e redireciona o modelo assistencial em saúde mental. *Diário Oficial da União*, Brasília.

Foucault, M. (2006). *O poder psiquiátrico*. São Paulo: Martins Fontes. (Curso dado no Collège de France em 1973-1974).

Guirado, M. (1986). *Instituições e relações afetivas: o vínculo com o abandono*. São Paulo: Summus.

Massari, M. G. (2016). *Serviço de acolhimento para crianças e adolescentes e medicalização: narrativas de resistência*. Dissertação (Mestrado). Programa de Estudos Pós-Graduados em Psicologia Social, Pontifícia Universidade Católica, São Paulo.

Rizzini, I., & Pilotti, F. (2009). A arte de governar crianças: lições do passado e reflexões para o presente. In I. Rizzini, & F. Pilotti (Orgs.), *A arte de governar crianças: a história das políticas sociais, da legislação e da assistência à infância no Brasil* (pp. 323-9). São Paulo: Cortez.

Rotelli, F. (2002). Superando o manicômio: o circuito psiquiátrico de Trieste. In P. Amarante, *Psiquiatria social e reforma psiquiátrica.* Rio de Janeiro: Fiocruz.

A relação fraterna na adoção: algumas reflexões[1]

Maria Luiza de Assis Moura Ghirardi

Os contos míticos, infantis e religiosos revelam, com frequência, a união entre irmãos que se rebelam contra os pais, bem como as expressões de sentimentos extremados de raiva e ódio entre eles. Entretanto, a literatura voltada para o entendimento dos significados e da importância do laço afetivo entre os irmãos mostra que o irmão exerce, com sua presença, importante papel na estruturação do psiquismo e na formação do laço social do *infans*.

Este trabalho pretende fazer uma reflexão sobre o vínculo fraterno, sua importância e também suas vicissitudes no contexto da adoção, uma vez que na contemporaneidade vem se tornando frequente o estímulo à adoção de grupos de irmãos. A experiência clínica e institucional com as questões da adoção é reveladora das dificuldades encontradas na recolocação familiar de crianças quando elas possuem outros irmãos em igual situação. A dificuldade de reinserção familiar da fratria leva à permanência das crianças nas

1 Uma primeira versão deste trabalho foi publicada em *Revista Pediatria Moderna, 50*(3), 2014.

instituições de acolhimento por um tempo demasiadamente longo, fato que aumenta a dificuldade de virem a ser adotadas.

A importância do irmão como primeiro semelhante: a alteridade

Freud, ao longo de sua obra, discorre sobre a importância da relação entre os irmãos como favorecedora de experiências fundamentais na estruturação do psiquismo. Embora ele valorize aquelas organizadas em torno do chamado complexo de Édipo, não deixará de reconhecer a existência de uma verdadeira rede relacional fraterna autônoma ao Édipo ligada à formação de um complexo familiar:

> *Quando outras crianças aparecem em cena, o complexo de Édipo avoluma-se em um complexo de família. Este, com novo apoio obtido a partir do sentimento egoístico de haver sido prejudicado, dá fundamento a que os novos irmãos e irmãs sejam recebidos com aversão, e faz com que, sem hesitações, sejam, em desejos, eliminados . . . [mas] à medida que esses irmãos e irmãs crescem, a atitude entre eles sofre transformações muito significativas. (Freud, 1915-1917/1976, pp. 389-390)*

A partir da ameaça que constitui, para a criança, a perda do amor da mãe, ela se vê em um árduo trabalho psíquico, promotor de vivências mais complexas e ligadas à aquisição do pensamento (Kaës, 2005). Algo lhe anuncia que não é a única a ocupar o investimento desejoso de sua mãe. O sentimento de ciúme tem importância na medida em que há *outro* em relação ao qual cada um dos irmãos se define melhor, podendo perceber as semelhanças e as diferenças entre si. Sentimentos paradoxais de amor e ódio ao outro serão experimentados por meio da convivência fraterna, o que sempre foi objeto de expressão de escritores, filósofos, poetas e pensadores por meio das histórias infantis, dos mitos e da literatura.

Um irmão ou uma irmã ocupará inexoravelmente um lugar na subjetividade de toda criança, que lhe dará sentidos diversos em sua existência, bem como ocupará variados lugares nessa relação, ao longo da vida familiar. Amor, solidariedade, bem como rivalidade e hostilidade se apresentarão no cenário afetivo da convivência fraterna, suscitando um complexo trabalho psíquico extremamente enriquecedor.

A literatura psicanalítica revela ser o vínculo fraterno muito mais que o produto do simples deslizamento dos investimentos afetivos amorosos e agressivos provenientes das relações com os objetos parentais e ligados ao complexo de Édipo. Vários autores descrevem a existência de um complexo fraterno com sua própria envergadura, cuja presença indicaria uma especificidade, e não uma simples consequência ou ramificação do Édipo (Kancyper, 2000).

Brusset (1987) refere que o irmão facilitaria a separação necessária do *infans* de sua mãe, lançando as sementes do laço social. Esse autor também destaca que o irmão confronta o sujeito com a alteridade de um objeto que é simultaneamente semelhante e estranho.

Kaës (1999) realça que a fratria se organiza e se fortalece segundo determinadas forças pulsionais, cujas fantasias, identificações e relações de objeto constituiriam a realidade psíquica do grupo de irmãos e irmãs, todas posicionadas em relação ao desejo parental. Desse modo, não é suficiente ser gerado pelos mesmos pais, nem mesmo pela mesma mãe, para ser irmão e irmã. Ele aponta que uma fratria se qualificaria essencialmente pelos laços emocionais e afetivos, morais e sociais que unem irmãos e irmãs (Kaës, 2011).

Kehl (2000), por sua vez, cunha a expressão "função fraterna" para realçar a necessidade, nos seres humanos, da participação do semelhante no processo de constituição de subjetividade. Semelhante que é ao mesmo tempo diferente, e assim, instituindo o convívio no âmbito da alteridade, o irmão é um importante auxiliar na construção do sentimento de si, na formação do pensamento e do sentimento de identidade e na criação do laço social.

Importância do laço fraterno diante de situações de carência afetiva

A relação entre irmãos poderá desempenhar um importante papel como sustentáculo familiar em situações de crise, como separação entre os pais, morte, doença – situações em que o vínculo fraterno poderá funcionar como um "continente" para eles (Goldsmid & Féres-Carneiro, 2011). O grupo de irmãos estabelece, muitas vezes, uma verdadeira rede de apoio uns para os outros quando falha o desempenho das funções parentais. Isso se dá porque as experiências compartilhadas com os irmãos vão produzir as identificações chamadas horizontais, secundárias às identificações verticais representadas pelos ideais das figuras parentais. Em situações relacionadas à adoção, possuem uma importância valiosa, ajudando cada um dos irmãos a estabelecer traços de identificação entre si, uma vez que os traços físicos relacionados às origens biológicas não encontram correspondência na família adotiva.

Braier (2000), ao estudar as relações fraternas em situações de abrigamento, levanta a importante hipótese de que, em situações de desamparo e carência materna, a união da fratria configura uma verdadeira *estrutura vincular*, que os auxilia a lidar com a falha ambiental. Brusset (1987, p. 313) lembra que "as crianças do campo de Térézin, observadas logo após a guerra por Anna Freud, haviam estabelecido entre si relações privilegiadas em que a dimensão horizontal fraterna havia substituído suficientemente a ausência da dimensão vertical da relação com os pais".

Os mitos e os contos infantis são importantes narrativas ao traduzirem pensamentos de um grupo mais amplo. Neles, com frequência, aparece o tema da união dos irmãos, com o grupo fraterno abandonando os "pais malvados" ou demasiadamente pobres e formando entre si uma aliança solidária (Brusset, 1987). Nos mitos bíblicos, a ênfase recai sobre a importância da união dos irmãos para ultrapassar momentos trágicos. Abandono, adoção, vida e morte são encenados em muitas dessas histórias bíblicas, deixando clara a importância dos vínculos horizontais e fraternos como garantia da sobrevivência coletiva e da espécie.

Complexidades da adoção do grupo de irmãos

O desejo de construir uma família o mais rápido possível pode levar os pretendentes à adoção a se perguntar sobre a pertinência de adotarem mais de uma criança. Por um lado, podemos considerar que o fato de o grupo de irmãos ter convivido entre si e estar vinculado afetivamente apresenta aspectos facilitadores das relações posteriores e da integração familiar. Nessa situação, tendem a se apoiar entre eles, sentindo-se mais acompanhados. Juntos, a estranheza diante da mudança de vida poderá ser compartilhada. Além disso, poder falar de suas vivências e suas lembranças os ajuda a ir elaborando experiências deixadas para trás, uma vez que ter pontes com o passado ajuda-os a reconstruir sua história. No entanto, por outro, a inclusão do grupo de irmãos na família não é simples.

Trindade-Salavert (2010) sustenta que "de início pode ocorrer uma união em bloco contra os pais adotivos e quanto mais numerosos são os irmãos, maiores serão os desafios a enfrentar" (p. 38). Isso porque os pais sofreriam, a princípio, a falta de reconhecimento imediato do seu lugar enquanto pais por parte da fratria. De fato, a dinâmica relacional entre os irmãos tende a se manifestar de modo ambíguo. O desejo de ser incluídos na família convive, nas crianças maiores, com a necessidade de se certificar sobre a disponibilidade, o afeto e os limites daqueles adultos que se apresentam como seus novos pais. É compreensível, uma vez que elas já experimentaram anteriores rompimentos em seus vínculos originais. Porém, desafiam os limites e as expectativas dos adultos, gerando mal-estares iniciais e intensificação de conflitos.

Há ainda casos em que os adotantes deparam no momento da adoção com a presença inesperada de um irmão da criança buscada, em igual situação. Diante de uma situação não prevista e de grande magnitude, podem se sentir culpados por deixar um irmão daquela criança no abrigo. O risco da colocação de irmãos em famílias que não possuem o desejo de adotar várias crianças ao mesmo tempo é o de ficarem remetidas aos sentimentos de rejeição e novo abandono. O desejo por um filho é construído por meio de complexas redes imaginárias tecidas desde a infância acerca do que representam a maternidade/paternidade, a procriação e a sexualidade. Processos psíquicos profundos estão envolvidos e ligados a identificações, motivações inconscientes, valores familiares e pessoais que respondem à construção psíquica que é feita sobre a criança. Tudo passa a ser uma questão de extrema delicadeza, uma vez que, conforme estudos recentes, em alguns casos, a frustração sentida leva à intensificação dos conflitos e dos sentimentos de fracasso que podem suscitar as fantasias de devolver a criança adotada (Ghirardi, 2008).

Amor e amparo, mas também ódio e rivalidade. As histórias infantis e os mitos também são férteis em exemplos de relações fraternas cujas dinâmicas afetivas são permeadas por ciúmes, rivalidades e disputas afetivas pelas figuras parentais, que podem intensificar os conflitos na relação pais-filhos adotivos. A convivência e a interação com filhos biológicos existentes na família adotiva também poderão requerer ajustes às expectativas anteriores, principalmente se elas não consideraram as possibilidades de conflitos gerados por disputa, rivalidade e ciúmes pelo lugar emocional a ocupar junto aos pais. Daí a importância de lidar com os conflitos gerados, tendo como premissa que muitas dificuldades experimentadas na relação da fratria não são prerrogativas dos adotados e, consideradas suas singularidades, também refletem dramas universais, intrínsecos ao relacionar-se humano.

Irmãos: sempre juntos?

O núcleo familiar e suas variadas composições é o terreno onde as identificações e os laços afetivos serão construídos. É também o cenário onde as relações entre os irmãos devem ser inscritas nas identificações precoces, na experiência com as rivalidades primeiras pelo seio nutridor. Um imaginário de comunhão fraterna, da unidade, da não separação, convive com e tem a mesma origem que a violência, o ódio, o amor, a paixão fraternos (Kaës, 1999).

Dentro desse cenário, qual seria a viabilidade do desmembramento de um grupo grande de irmãos, com o objetivo de facilitar a reinserção familiar? Questão muito delicada, que mobiliza de modo especial os profissionais que estão à frente do processo de adoção. Algumas decisões judiciais favorecem que os irmãos sejam recolocados em famílias conhecidas entre si, que, diante da autoridade competente, se comprometem a facilitar oportunidades para que os irmãos continuem convivendo e estreitando os laços afetivos. A ideia da separação radical dos irmãos, da quebra dos laços afetivos anteriormente construídos, é um desencadeador de angústia para todos os envolvidos. Tema sempre delicado, revela a importância da compreensão singular de cada caso.

Por meio da experiência clínica, observamos que, de modo similar ao que pode ocorrer com gêmeos muito interdependentes, o grupo de irmãos poderá experimentar um vínculo de características fusionais, de tal monta que uma eventual separação traria a possibilidade de revivência da angústia de desamparo e da ameaça de desorganização do eu (Braier, 2000). No entanto, há outras situações em que os irmãos nunca chegaram a construir uma referência familiar ou então mal se conhecem. Essas são situações em que a desorganização familiar ocorrida antes da institucionalização os colocou muito distantes, tanto física como emocionalmente, um do outro. Nesse caso, não há propriamente uma fratria constituída, de acordo com Kaës (2011).

Decisões judiciais que definem os destinos de uma criança requerem não apenas fundamento, mas sensibilidade. Quando são apressadas, interferem na necessária consideração da singularidade de cada caso, perdendo de vista o melhor para aquela(s) criança(s). Há momentos em que a subjetividade do profissional é convocada e, nessa circunstância, corre-se o risco de prevalecerem as preconcepções, as idealizações sobre o valor de família, ou uma aplicação simplista da lei. Enganos que deverão ser ultrapassados a fim de propiciar a reflexão, favorecer o pensamento e estimular a análise cuidadosa e singular do caso a caso.

Referências

Braier, E. (2000). La estrutura narcisista gemelar y la carencia materna. In E. Braier (Comp.), *Gemelos: narcisismo y dobles* (pp. 155-70). Buenos Aires: Paidós.

Brusset, B. (1987). El vínculo fraterno y el psicoanálisis. *Rev. Psicoanálisis, XLIV*(2).

Freud, S. (1976). Conferências introdutórias sobre psicanálise. In S. Freud, *Edição Standard Brasileira das Obras Psicológicas Completas de Sigmund Freud* (Vol. XVI). Rio de Janeiro: Imago. (Conferências proferidas em 1915-1917).

Ghirardi, M. L. A. M. (2008). *A devolução de crianças e adolescentes adotivos sob a ótica psicanalítica: reedição de histórias de abandono*. Dissertação (Mestrado). Instituto de Psicologia, Universidade de São Paulo, São Paulo.

Ghirardi, M. L. A. M. (2015). *A devolução de crianças adotadas: um estudo psicanalítico*. São Paulo: Primavera.

Goldsmid, R., & Féres-Carneiro, T. (2011). Relação fraterna: constituição do sujeito e formação do laço social. *Psicologia USP, 22*(4), 771-778.

Kaës, R. (1999). O complexo fraterno: aspectos de sua especificidade. In M. Ramos (Org.), *Casal e família como paciente* (pp. 179-248). 2a. ed. São Paulo: Escuta.

Kaës, R. (2005). Pensar, en los grupos. In R. Kaës, *La palabra y el vínculo: procesos asociativos en los grupos*. Buenos Aires: Amorrortu.

Kaës, R. (2011). *O complexo fraterno*. São Paulo: Ideias & Letras.

Kancyper, L. (2000). Complejo fraterno y complejo de Édipo. In E. Braier (Comp.), *Gemelos: narcisismo y dobles* (pp. 43-60). Buenos Aires: Paidós.

Kehl, M. R. (Org.). (2000). *Função fraterna*. Rio de Janeiro: Relume Dumará.

Trindade-Salavert, I. (2010). Subjetividades que se interligam. In I. Trindade-Salavert (Org.), *Os novos desafios da adoção: interações psíquicas, familiares e sociais* (p. 38). Rio de Janeiro: Companhia de Freud.

Narrar é preciso

Cynthia Peiter

. . . el hecho ocurrió en el mes de febrero de 1969 . . . No lo escribí inmediatamente porque mi primer propósito fue olvidarlo, para no perder la razón. Ahora, en 1972, pienso que si lo escribo, los otros lo leerán como un cuento y, con los años, lo será tal vez para mí.

Borges (2013)

A existência de outra história é um dos aspectos que marca uma diferença entre a adoção e a filiação biológica. A abordagem da história da criança adotiva costuma trazer embaraços, como tão bem nos conta Julian Fuks (2015, p. 9) ao referir-se a seu irmão: "Meu irmão é adotado, mas não posso e não quero dizer que meu irmão é adotado". Desse modo, indaga-se sobre a inconveniência do termo e parece apontar para certo mal-estar que permeia o tipo de filiação adotiva.

Estas hesitações tão comuns e tão genuínas na designação desse tipo de filiação parecem apontar para o que o termo "adotivo" não diz. Ser adotado, de fato, diz respeito a uma única face de uma história muito mais complexa. O que o termo não diz, mas traz implícito, é também o que leva os interlocutores a "assentir com solenidade, disfarçando qualquer pesar, baixando os olhos como se não sentissem nenhuma ânsia de perguntar mais nada" (Fuks, 2015, p. 1). Que pergunta seria essa que não se cala, mas ressurge nestes silêncios enigmáticos observados pelo escritor?

Penso que a existência de "uma outra história" nos ajuda a encontrar sentidos para a insuficiência do termo "adotado" e seus mal-estares difusos. Um tipo de pré-história da adoção que, em nosso país, está permeada de mistérios e pesares. A esses pesares inquietantes, Fuks (2015) alude em longo e tocante parágrafo no qual todas as sentenças começam dizendo "Não quero imaginar"... A pré-história que vem no bojo das adoções implica significativas rupturas, separações, experiências de lutos e de maiores ou menores sofrimentos à espera de ser processados psiquicamente.

A adoção, na maior parte das vezes, implica desordens que conduzem à experimentação de descontinuidades e a experiências de difícil elaboração psíquica. Histórias muitas vezes dramáticas, fragmentadas, que requerem a abertura de espaços de memória e pensamento que permitam a criação de sentidos para aquilo que não pode ser significado psiquicamente. Um desafio a mais na delicada tarefa de cuidar de filhos, que impõe aos pais adotivos a função de encontrar palavras e reconstruir narrativas para experiências de vida tão complexas.

Tocar no tema da pré-história desperta temores entre pais adotivos. Há receios de provocar ou desvelar possíveis traumas, e preocupações com a fragilidade da criança ao defrontar com passados dolorosos. Será melhor não saber ou, quem sabe, esquecer? Precisamos mesmo conversar sobre isso?

Trabalhos como o de Miriam Debieux Rosa (2000) nos revelam como os não ditos familiares podem transformar-se em "mal-ditos", gerando sofrimento psíquico e sintomas. A clínica com crianças pequenas nos ensina como experiências traumáticas vividas em momentos importantes da estruturação psíquica deixam traços, escritos em "idioma primitivo", e embora seu "saber" possa não ter sido compreendido ou traduzido pelo outro, ou pela própria criança, ela mesma é um documento de sua história.

Roussillon dedica-se a importantes estudos sobre como experiências traumáticas se evidenciam na clínica, não somente com crianças, mas também com adultos, ressurgindo em um tipo de comunicação peculiar. Descreve como os estados traumáticos primários, como desamparo, experiências de tensão e de desprazer sem representação – elementos "protorrepresentativos" –, podem deixar "traços mnésicos" do que foi efetivamente experimentado e, paradoxalmente, não foi vivido de modo a permitir a "apropriação subjetiva". Para sobreviver a experiências dolorosas, o sujeito se retira da experiência traumática primária e se "corta de sua subjetividade. Ele não sente mais o estado traumático, ele não se sente mais lá onde ele está, descentra-se de si mesmo e desloca-se de sua experiência subjetiva" (Roussillon, 1999, p. 21).

Desse modo, descreve um tipo de clivagem, uma alteração do eu, que o divide entre duas cadeias representativas incompatíveis entre si, entre uma parte representada e uma parte não representável. A subjetividade fica, assim, clivada entre uma parte que é capaz de representar a experiência e outra parte que é incapaz disso. Freud já descrevera este mecanismo defensivo em 1938, e retomo suas palavras:

> *Suponhamos que o ego da criança, que se encontra a serviço de uma exigência pulsional poderosa, habitualmente satisfeita, tenha sido assustado subitamente por uma experiência, que lhe tenha ensinado que o fato de perseverar nesta satisfação o conduzirá para um perigo real, insuportável. Ele deve então decidir, ou reconhecer*

> *o perigo real, e tender a renunciar à satisfação pulsional, ou desmentir a realidade . . . Ela responde ao conflito com duas reações antagônicas, ambas válidas e efetivas. Por um lado, ela repele a realidade com a ajuda de alguns mecanismos e não se proíbe de nada; por outro, na mesma via, ela reconhece o perigo na realidade, retoma sobre ela este medo como sintoma patológico e procura, em seguida, defender-se dele . . . Mas tudo tem de ser pago de uma maneira ou de outra, e esse sucesso foi alcançado ao preço de uma fenda no ego, a qual nunca se cicatrizará, mas aumentará à medida que o tempo passa. (Freud, 1969b, p. 309)*

Freud descreve nesse texto o mecanismo de divisão do eu nos processos de defesa, sendo que aquilo que vamos observar na clínica diz respeito aos elementos que, clivados da subjetividade, retornam em diversos tipos de manifestações. Enquanto Freud observara um retorno do conteúdo recalcado na transferência neurótica, Roussillon, Green e outros psicanalistas que se dedicaram à psicanálise contemporânea observam o que se entende pelo "retorno do clivado", referindo-se às manifestações transferenciais daquilo que jamais chegou a ganhar um estatuto representacional, característico das transferências não neuróticas. O referido "retorno do clivado" ocorre não por meio de representações, mas de "elementos perceptivo-sensório-motores" (Roussillon, 1999, p. 66) que ressurgirão em ato.

Por esse motivo, venho afirmar que a criança é ela mesma um documento de sua história, possivelmente "escrito" em linguagem inacessível ou irrepresentada. Segundo Ferreira (2006, p. 85), grande parte das crianças abrigadas à espera da adoção, que constituem boa parcela de nossa clínica, já viveu situações de risco "sem um adulto que pudesse lhes restituir simbolizações eficientes para mitigar os afetos disparados pelos trágicos episódios por que passaram". A autora nos relata como, em sua clínica, se evidencia o retorno atuado de "manifestações traumáticas de caráter inassimilável, imetabolizável pelo psiquismo infantil, com variáveis níveis de abrangência de seus efeitos" (p. 57).

Conforme observa a autora em valiosas ilustrações clínicas, a referida situação traumática, se insuficientemente assimilada, pode ser verdadeiramente "revelada" pela criança em atos ou atuações, que, por não adquirirem um estatuto simbólico, levam a criança a viver "um eterno presente. Temos aí a apresentação e não a representação" do trauma (Ferreira, 2006, p. 58).

Portanto, a dita e temida situação traumática, que preocuparia os pais quando da abordagem da pré-história da criança, na verdade já ocorreu, porém encontra-se ainda à espera de elaborações que possam torná-la passível de metabolização psíquica. Aquilo que foi vivido, apesar de não lembrado, encontra-se presentificado em uma temporalidade atípica que ressurge transferencialmente no processo psicanalítico à espera de algum tipo de tradução ou historicização.

Bleichmar (1996), referindo-se ao mesmo fenômeno clínico, já nos ensinou como as intensas descontinuidades vividas pelas crianças anteriormente à adoção requerem um tipo de "ressimbolização de certo histórico vivencial não transcrito" (p. 70). Quero destacar como a clínica psicanalítica permite uma experiência que, borrando os limites temporais, traz notícias desse passado. Em uma experiência na qual rememorar e reviver se confundem e ao mesmo tempo revelam, podem advir novas significações, em novos diálogos elaborativos possibilitadores de transformações.

Construções em análise

Assim, podemos entender a clínica psicanalítica como um "contar histórias", como um espaço de construção de narrativas capazes de trazer significação àquilo que ressurge sintomaticamente e, como "quem conta um conto, aumenta um ponto", transformar uma experiência.

Alguns já se dedicaram a ressaltar o caráter narrativo do que fazemos em nossas práticas. Na opinião de Spence (1982), Freud foi mesmo o grande "sintetizador": um verdadeiro mestre em tomar as associações e os sonhos de seus pacientes e integrá-los em um modelo coerente que nos leva a ter boa ideia sobre os acontecimentos passados. Na sua observação, Freud nos mostrou em particular o modo como uma reconstrução apropriada pode preencher vazios entre dois eventos aparentemente desconectados, sem relação, e trazer sentido àquilo que parecia *nonsense*. Assim, descobre o poder terapêutico das narrativas construídas em análise.

É no brilhante texto de 1937, "Construções em análise", que Freud (1969a) nos alerta para o trabalho do analista, cuja tarefa consiste em "completar aquilo que foi esquecido, a partir dos traços deixados atrás de si, ou mais corretamente, construí-lo" (p. 293).

Gutfreind (2010) dedica-se ao estudo das narrativas infantis e amplia essa questão ao ponto de compreender a própria função dos pais como narradores: "Todos tivemos uma grande decepção amorosa com a nossa mãe. Um dia, descobrimos que ela não é só para nós, outros interesses e pessoas povoam sua vida, e é bem duro saber disso. . . . Mas é essa mesma voz feminina que vai nos restituir a confiança nesse amor que perdemos. Toda mãe é, de certa forma, uma Xerazade" (p. 11). Indo mais além, afirma que "narrar é mais do que um instrumento que colabora no processo de parentalidade: é indispensável, confunde-se com ele" (p. 34).

A narrativa como um aspecto da função dos pais já foi também destacada por Winnicott (1967/1971). Ao apontar aspectos essenciais da função materna, inclui a ajuda à criança no processo de "integração; na instalação de um sentido de processo; e o recordar, reviver, fantasiar, e sonhar; o integrar de passado, presente e futuro" (p. 25).

Como destacado, as situações traumáticas podem ir ganhando significações e ressignificações ao longo de toda a vida. A forma como os pais lidam com a história da criança, o que lhe falam ou não lhe falam a respeito, ou ainda o que dizem não verbalmente podem trazer significados ao vivido pela criança, alimentar certas fantasias ou desfazer outras, mas certamente trazem importantes consequências à construção da sua subjetividade. A "fala" dos pais sobre a história da criança adotiva tem função essencial na possibilidade de elaboração de situações traumáticas, conforme tão bem aponta Ferreira (2006):

> *O adulto que traumaticamente promove inscrições no psiquismo infantil e que o coloca em movimento, é o mesmo que promove necessárias ligações simbolizantes até mesmo para os excessos que provoca. É a partir da qualidade de implantação ou intromissão das inscrições e da possibilidade com que esse outro humano costura estas inscrições, que o ego em constituição da criança metabolizará ou não aquilo que lhe é enviado. (p. 56)*

Sobre a importância de narrar à criança adotiva sua história de vida, Giberti (1992) oferece valoroso trabalho em que discute e propõe um método que denominou "o relato". Essa autora apresenta um modelo em que constrói junto com os pais a narração acerca da origem como um elemento essencial para a construção da identidade da criança.

Os pais biológicos e seus motivos, a figura de um intermediário e o percurso emocionado dos pais. A alusão a esses personagens, acompanhada dos sentimentos a eles atribuídos, me parece um detalhe de suma importância, pois permite integração, buscando um tipo de continuidade nessa história. Entretanto, trata-se de um modelo de narrativa elaborado em situações de adoção precoce, e que, de meu ponto de vista, talvez seja apresentado à criança em momento tardio. Mas trata-se de um modelo de grande valor quando ajuda os pais a compor uma forma transicional de abordar o tema junto aos filhos e a assumir sua complexa função de narradores simbolizantes.

Vale sublinhar um aspecto fundamental na proposição de Giberti, quando afirma que "o relato" é mais que uma revelação; é uma espécie de mito que se inventa e se oferece à criança, e que deverá ter uma função provisória até que ela seja capaz de construir seu próprio mito da infância. "Através do inventar, cria-se algo no outro" (1992, p. 245), afirma a autora.

No já citado texto freudiano de 1937, já encontrávamos esta noção sobre a prática clínica, na qual o "analista completa um fragmento da construção e o comunica ao sujeito da análise, de maneira que possa agir sobre ele; constrói então um outro fragmento a partir do novo material que sobre ele se derrama" (p. 295).

Conforme Silva (2001), a narrativa dos casos de adoção envolve uma invenção: "uma história, recheada de metáforas e metonímias, que propõe a compreensão da relação adotantes-adotivo através de interpretações simbólicas. A revelação da adoção não é só descoberta, mas invenção de uma história. Isso marca sua diferença" (p. 93).

Quero aludir ao aspecto construtivo dessa narrativa, que já não mais se preocupa com a transmissão de dados factuais, mas com a criação de uma narrativa simbólica. A referida invenção de modo algum remete a histórias levianamente inventadas, vale ressaltar. Da forma como compreendo, questiona o caráter da verdade dos fatos históricos e alude à necessidade de uma narrativa construída: delicada costura entre a história e a experiência vivida. O que temos em mente é a aquisição do estatuto de verdade narrativa.

Pais adotivos têm sido estimulados a compor álbuns narrativos, conforme já descrevi em outras publicações (Peiter, 2010, 2012). Hamad (2002) insiste que os pais providenciem dispositivos que permitam que a criança seja defrontada com sua história desde muito cedo. Para isso, sugere o álbum, ilustrado com fotos, que "pode funcionar como um objeto transicional e (por que não?) como uma placenta adotiva que teria essa função de objeto transicional na fala entre a realidade do encontro e a fantasia do nascimento" (p. 111).

Douek (2001) defende a escrita de um tipo de relato que se inicie precocemente, por meio de esclarecimentos que sejam realizados "desde o primeiro dia, criando condições adequadas para que a criança possa perguntar sem temor" (p. 77).

Também concordo e reitero a sugestão sobre a composição desses álbuns narrativos. Para a criança, são instrumento de grande ajuda de diversas formas. Um valioso recurso para oferecer elementos instigadores da curiosidade e permitir a livre exploração escopofílica da criança a respeito de sua origem, como um convite a interrogações e curiosidades (Peiter, 2011).

Podem ser um tipo de registro histórico que traz informações significativas para o preenchimento de lacunas de um passado à espera de historicização, e um dispositivo capaz de promover a circulação do tema das origens, colocando-o em jogo em uma área lúdica de experimentação possibilitadora de elaborações por parte da criança. Como um contar de histórias, ampliam a rede associativa e o acesso a novas imagens buscando figurabilidade e permitem novas construções narrativas – um contar-se.

Além desses importantes argumentos, penso que a construção do álbum pode portar também a importante função de convidar os próprios pais a esse processo elaborativo de sua condição de paternidade, que relembra, reconstrói e reconta não somente o percurso da criança, mas também seu percurso individual e do casal na pré-história familiar da adoção. Por meio das conversas sobre origem, sobre a história da criança, dados factuais podem ir gradativamente ganhando um entrelaçamento com a experiência vivida – costuram, imbricam e trazem o caráter de realidade ao vivido para que adquiram o estatuto de verdade narrativa.

Spence (1982) nos oferece um caminho. Diz ele: "Os fatos por si não são suficientes: eles devem também ser apresentados em um contexto que permite que a profunda significação seja apreciada" (p. 22). A mesma definição poderia se aplicar a uma interpretação, afirma, de modo que "a moldura, o enquadre da formulação é tão importante quanto o conteúdo" (p. 22). Esse autor, tendo estudado a articulação entre verdade histórica e verdade narrativa, conclui que a verdade narrativa pode ser definida como o critério que usamos para decidir quando certa experiência foi capturada satisfatoriamente; depende de um rearranjo de peças baseado em continuidade e fechamento, que adquire uma finalidade estética.

A verdade narrativa, afirma Spence, é o que temos em mente quando pensamos se esta é ou não uma boa história, ou quando pensamos que certa explicação nos parece convincente: "Uma vez que uma dada construção tenha adquirido verdade narrativa, ela torna-se tão real quanto qualquer outro tipo de verdade: esta nova realidade torna-se parte significativa da cura psicanalítica" (p. 31).

Spence nos chama a atenção menos para a rememoração dos fatos e mais para o ato ou o processo de ir relembrando, que, se apropriadamente conduzido, torna o narrador um verdadeiro historiador. Refere-se ao processo de construção de múltiplas camadas que surgem de um mesmo disparador, de um mesmo evento, entendendo que dessa forma uma experiência passada pode fusionar-se com o presente e gerar algo que é essencialmente atemporal. "A construção não somente dá forma ao passado – ela vem a ser o passado em muitos casos" (p. 175), afirma ele, em consonância com o pensamento de que as experiências primitivas ou precoces são pré-verbais e somente ganham designação específica quando colocadas em palavras.

Certa vez, vivi uma cena que vem ilustrar o modo como essas costuras entre história e experiência podem ganhar sentidos. Este menininho de origem indígena foi adotado por um sensível e cuidadoso casal, que me procura buscando algumas orientações. Contam-me angustiados como o menino faz escândalos para sair da praia ou da piscina – ele é mesmo um verdadeiro "peixinho", observa sua mãe.

Haviam seguido minhas orientações e as de outros profissionais sobre a composição do álbum narrativo etc. Esmeraram-se em fazer um lindo trabalho com belíssimas referências às origens indígenas, o percurso até a chegada na família e tudo o mais. Mas observam, com certa decepção, que o menino dava pouquíssima atenção ao referido álbum, tão caprichado e feito com tanto carinho.

E acrescentam uma curiosidade: leram para ele a história do Príncipe do Egito, que narra a chegada deste bebezinho, recebido em um cestinho colocado em um rio. Falam-me da curiosidade e do interesse que essa história despertou no menino. E me dizem, muito surpresos, que essa história mais recente passa a ser insistentemente adotada e contada por ele como sua verdadeira história. Algo que se encaixa perfeitamente em suas teorias sobre origem e que faz verdadeiro sentido para um menininho que tanto adora estar na água!

Esse menininho nos mostra como o álbum narrativo pode ser de grande ajuda, entretanto, não conta tudo!

Quando lidamos com a gravidade dos traumas, das violências, das negligências já vividas por muitas crianças, quando estamos diante de condições de vulnerabilidade psíquica, será demandado um trabalho a mais nessa capacidade narrativa dos pais, que talvez precisem ser mais que Xerazades e contar com o apoio dos clínicos. Quero dizer que as construções narrativas podem requerer ouvidos treinados para este tipo de escuta, e para sua tradução em representações que deem contenção à expressão do "não representado". O retorno do clivado não escolhe unicamente o espaço clínico para seu surgimento, não estando circunscrito ao contexto do enquadre psicanalítico. Reaparece no vínculo com os novos pais, que nem sempre estarão equipados para a metabolização dessas manifestações.

Green (1988) nos diz que o ouvido do analista contemporâneo permite um "auscultar", uma sensibilidade para captar conflitos mais carregados de potencial arcaico na forma do não representável, que pode irromper no cenário psicanalítico e que vem trazer ressonâncias por via contratransferencial. Pela instrumentalização da contratransferência, podemos imaginar e compreender como pode ser doloroso para os pais adotivos o contato com os elementos clivados reencenados, que os atingem de modo similar e podem encontrá-los insuficientemente habilitados para este processamento elaborativo.

Minerbo nos relembra a interessante imagem da situação transferencial/contratransferencial oferecida por Pereira Leite (2005), como cena a ser encenada, aproximando o trabalho do analista ao do ator: ambos "disponibilizam a matéria viva de seu psiquismo, esvaziando-se de sua pessoa real para dar vida a um personagem e contracenar com outros, todos juntos coautores de uma cena"

(Minerbo, 2012, p. 33). O tipo de intervenção proposto pela autora apoia-se nos fenômenos transferenciais e contratransferenciais e entende o valor da construção de um espaço para a encenação do teatro psíquico do paciente, que, situando-se entre dois psiquismos, busca tecer tramas associativas capazes de criar continentes psíquicos e que podem levar a "profundos efeitos transformacionais" (p. 157).

Em Roussillon (1999), encontramos a compreensão de como o retorno do clivado "vem fazer o analista sentir ou ver uma parte dele [do paciente] que ele não percebe diretamente . . . Nestes casos o paciente convoca o analista a ser 'o espelho do negativo de si', do que não foi sentido, visto ou ouvido de si mesmo" (p. 14). Assim, o retorno do "clivado" na transferência tem chances de ser simbolizado por intermédio do uso instrumentalizado da contratransferência. Na clínica, observamos que a reconstrução narrativa passa pela presença de um interlocutor - do outro.

Ao falar dos casos de não neurose, Green (1988) sublinha o modo como convocam ou atingem o analista em seu funcionamento psíquico - despertando respostas igualmente irrepresentáveis no analista. Aqui, a contratransferência recebe seu significado mais extensivo, pois é exigida do analista a participação de suas funções mentais, emprestando sua vida imaginativa ao paciente.

Os processos internos do analista têm por objetivo a construção da simbolização. Quando a análise impele o analista a fazer grandes esforços que o levam a formar uma imagem em sua mente do funcionamento mental do paciente, ele vem a suprir uma lacuna construindo um significado que jamais foi criado antes. Voltamos ao texto freudiano "Construções em análise". Mas, agora, incluímos este rodeio pelo psiquismo do outro, que lança mão de sua contratransferência e de seus recursos imaginativos para essas construções narrativas.

Gostaria de deixar evidenciado neste capítulo o modo como as diversas formas de reconstrução histórica, bem como as sugestões de álbuns narrativos e outros, têm suas raízes em observações clínicas, sustentadas, articuladas e retroalimentadas pela teoria psicanalítica. Desse modo, sobreponho o ofício do psicanalista ao dos narradores, e também às funções de pais e cuidadores, cada qual em suas especificidades, na fundamental responsabilidade sobre a facilitação de processos de construção narrativa quando em contato com crianças e adolescentes em condições de vulnerabilidade.

Referências

Bleichmar, S. (1996). *A fundação do inconsciente: destinos da pulsão, destinos do sujeito*. Porto Alegre: Artes Médicas.

Borges, J. L. (2013). *El outro: el libro de arena*. Buenos Aires: Debolsillo.

Douek, E. (2001). Enriquecer o relato. In E. Giberti, *Adopción para padres*. Buenos Aires: Lumen.

Ferreira, M. R. P. (2006). *Crianças que não conseguem esquecer: sobre o traumático na infância*. Dissertação (Mestrado). Pontifícia Universidade Católica, São Paulo.

Freud, S. (1969a). Construções em análise. In S. Freud, *Edição Standard Brasileira das Obras Psicológicas Completas de Sigmund Freud* (Vol. XXII). Rio de Janeiro: Imago. (Trabalho original publicado em 1937).

Freud, S. (1969b). Esboço de psicanálise. In S. Freud, *Edição Standard Brasileira das Obras Psicológicas Completas de Sigmund Freud* (Vol. XXIII). Rio de Janeiro: Imago. (Trabalho original publicado em 1940[1938]).

Fuks, J. (2015). *A resistência*. São Paulo: Companhia das Letras.

Giberti, E. (1992). *La adopción: padres adoptantes, hijos adoptivos, los "otros"*. 2a. ed. Buenos Aires: Sudamericana. (Trabalho original publicado em 1987).

Giberti, E. & Chavanneau de Gore, S. (1992). *Adopción y silencios*. Buenos Aires: Sudamericana.

Green, A. (1988). O analista, a simbolização e a ausência no enquadre psicanalítico. In *Sobre a loucura pessoal* (pp. 36-65). Rio de janeiro: Imago. (Trabalho original publicado em 1975).

Gutfreind, C. (2003). *O terapeuta e o lobo: a utilização do conto na psicoterapia da criança*. São Paulo: Casa do Psicólogo.

Gutfreind, C. (2010). *Narrar, ser mãe, ser pai & outros ensaios sobre a parentalidade*. São Paulo: Difel.

Hamad, N. (2002). *A criança adotiva e suas famílias*. Rio de Janeiro: Companhia de Freud.

Minerbo, M. (2012). *Transferência e contratransferência*. São Paulo: Casa do Psicólogo.

Peiter, C. (2011). *Adoção: vínculos e rupturas do abrigo à família adotiva*. São Paulo: Zagodoni.

Peiter, C. (2012). E agora eu era o herói: sobre verdades narrativas na adoção. *Revista de Psicoanálisis, 11*, 73-78.

Pereira Leite, E. B. (2005). *A escuta e o corpo do analista*. Tese (Doutorado). Pontifícia Universidade Católica, São Paulo.

Rosa, M. D. (2000). *Histórias que não se contam: o não-dito e a psicanálise com crianças e adolescentes*. Taubaté: Cabral.

Roussillon, R. (1999). *Agonie, clivage et symbolisation*. Paris: PUF.

Roussillon, R. (2012). A desconstrução do narcisismo primário. *Livro Anual de Psicanálise*, tomo XXVI, 159-172. São Paulo: Escuta.

Roussillon, R. (2014). O trauma narcísico-identitário e sua transferência. *Revista Brasileira de Psicanálise*, *48*(3).

Silva, M. S. A. N. (2001). *Em busca do elo perdido*. Dissertação (Mestrado). Universidade de São Paulo, São Paulo.

Spence, D. (1982). *Narrative truth and historical truth*. New York: Norton & Company.

Winnicott, D. W. (1971). O papel de espelho da mãe e da família no desenvolvimento infantil. In D. W. Winnicott, *O brincar e a realidade*. Rio de Janeiro: Imago. (Trabalho original publicado em 1967).

Crianças em processo de adoção: repetição de vivências traumáticas e possíveis saídas[1]

Camila Deneno Perez

E, de súbito, tem medo de que nesta casa sejam bons para ele. Sim, um grande medo de que sejam bons para ele. Não sabe mesmo por que, mas tem medo. E levanta-se, sai do seu esconderijo e vai fumar bem por baixo da janela da senhora. Assim verão que ele é um menino perdido, que não merece um quarto, roupa nova, comida na sala de jantar.

Capitães da areia, Jorge Amado

Por que repetimos o que nos faz mal? A tendência do aparelho psíquico não seria, pelo contrário, a busca por prazer? Não estaríamos o tempo todo tentando evitar a dor? É a essas questões enigmáticas e complexas, que aparecem na clínica e na vida cotidiana, que

1 Este trabalho foi apresentado no VI Congresso Internacional Transdisciplinar sobre a Criança e o Adolescente, que ocorreu entre os dias 29 de julho e 1º de agosto de 2020, organizado pelo Instituto Langage em parceria com a Faculdade de Medicina da Universidade Federal de Minas Gerais (UFMG).

Sigmund Freud busca responder no texto "Além do princípio do prazer", de 1920.

O que chama a atenção de Freud é a intensa repetição do conteúdo traumático em sonhos daqueles que retornaram da guerra. Observa também brincadeiras (como o famoso *fort-da*) em que as crianças encenam justamente o desaparecimento da mãe, e o fazem com ainda mais frequência e empenho do que seu retorno – o que compromete uma primeira explicação de que a criança faz a mãe desaparecer somente pelo prazer de vê-la voltar.

Em relação às brincadeiras infantis, Freud (1920/2010) formula que à criança agrada viver ativamente o que sofre de modo passivo: se a mãe saiu e a deixou, agora é ela a diretora da cena e quem determina em que momento a mãe sai e quando deve voltar. Assim,

> *o lançamento do objeto, de modo que desapareça, poderia constituir a satisfação de um impulso, suprimido na vida, de vingar-se da mãe por ter desaparecido para ele, tendo então o sentido desafiador: "Sim, vá embora, não preciso de você, eu mesmo a mando embora". (p. 174)*

O pai da psicanálise percebe que, nessa situação, o prazer ainda predomina, mas quando se trata do que o autor chamou de "neuroses traumáticas", é o desprazer que prevalece – ou seja, o primado da busca por prazer é colocado em xeque, forçando a psicanálise a ir *mais além*.

Para nos aproximarmos dessas questões, que tão frequentemente atravessam os processos de adoção, partiremos de um caso clínico de criança de 8 anos que, quando iniciou o processo psicanalítico, havia acabado de voltar ao serviço de acolhimento institucional após seis meses de adoção que terminou em devolução. Ao longo dessa análise, há uma reaproximação da criança com os mesmos pretendentes a pais adotivos e ela é, por fim, novamente adotada. É em meio a essas partidas e encontros, rupturas e remendos, que nosso trabalho acontece.

Como a psicanálise pode contribuir nesses casos? Com crianças institucionalizadas, com diferentes demandas manifestas e inconscientes, com aquilo que nos remete radicalmente aos nossos próprios desamparo e fragilidade, às origens e aos seus obscuros enigmas: o que pode um psicanalista escutar/dizer/propor?

Entendo que esse garoto traz sua demanda já na primeira sessão. Entra sozinho, calado, com uma postura mais reservada. Pega um quebra-cabeça em uma caixa de brinquedos e fica entretido com isso; quase não fala e vai tentando montar. Diz então que quando tinha 5 anos de idade (quando foi levado ao serviço de acolhimento institucional), teve de montar um quebra-cabeça enorme, "maior que uma casa", e sozinho! Eu digo que deve ter sido muito difícil fazer isso, ainda mais sozinho, e proponho tentarmos montar juntos, nos nossos encontros, os seus quebra-cabeças.

Em um primeiro momento do nosso trabalho, ele brincava de construir casas com ferramentas de plástico e usava objetos da sala para decorar o "seu quarto". Não dizia nada sobre a adoção ou sobre a vida no abrigo, mas parecia expressar um desejo de ter/construir um lugar para si. Também gostava de jogar futebol com bonecos e às vezes mudava as regras do jogo em seu favor, mas sem expressar muita rivalidade ou agressividade. Ao contrário, ficava preocupado comigo e me deixava ganhar também, ou me dava um pouco dos seus pontos nos jogos.

Em uma dessas brincadeiras, pareceu manifestar o motivo de seu receio. Ao dizer que houve uma explosão e jogar os bonecos para cima, acerta um deles em mim e eu faço um movimento com o corpo para o lado, como se também tivesse sido atingida. Ele me olha assustado e diz bem sério: "Você não! Você não pode morrer!".

Os términos de sessão (outro momento em que eu poderia morrer/desaparecer?) foram mudando ao longo dos meses. No início, ele se recusava a sair da sala e queria levar algum móvel junto com ele. Eu lhe assegurava de que estaria ali na semana seguinte, dizia que os móveis estariam ali também e, algumas vezes, o deixava levar um carrinho ou algum brinquedo. Eu entendia que a nossa separação atualizava as separações bruscas e radicais que ele vivera ao longo da vida, e aquele objeto concreto que levava funcionava como um prolongamento da sessão e da nossa relação, que poderiam permanecer com ele.

Soube que, durante a primeira adoção, não obedecia a regras da casa, dizia aos pais adotivos que não queria estar com eles e ameaçava matá-los ou se atirar pela janela do apartamento onde moravam. O casal, não encontrando orientação e amparo nesse momento, optou pela devolução; afinal, essa não era a criança que vinham conhecendo durante os meses de aproximação, em que passavam os finais de semana juntos. O que aconteceu? Não era isso o que esse menino queria, ser adotado? Será que não gostou de morar lá, ou deles? – era o que o casal se perguntava.

Quando iniciaram uma reaproximação, após a devolução, a psicóloga do abrigo me perguntou se eu poderia receber os pais no consultório. Aceitei, entendendo que seria primordial para o processo de adoção que também tivessem um espaço de escuta. Em nosso primeiro encontro, eles me contaram que entraram em um grupo de pais em processo de adoção e ouviram que os comportamentos agressivos da criança poderiam ser lidos como um teste ao novo ambiente, e não necessariamente como uma demonstração de que ela não queria estar ali. Ficaram surpresos e queriam entender melhor essa possibilidade.

A partir disso, fomos pensando em alguns movimentos do menino que poderiam mostrar que ele queria estar com eles, mas tinha medo de se envolver e ser abandonado de novo – ainda que não dissesse isso com palavras. O casal ia me contando situações difíceis que viviam e tentávamos entender juntos que afetos e comunicações estavam presentes. Por exemplo, um almoço de domingo em que a mãe o chamou para comer e ele se recusou, dizendo de um jeito bastante irritado que estava sem fome. Em um primeiro momento, ela entendeu essa recusa como um ataque dirigido a ela e à comida que havia preparado com tanto carinho. Depois, pensou que talvez ele não quisesse comer porque sabia que, durante o período de reaproximação, eles precisavam levá-lo de volta ao abrigo logo após o almoço naquele dia.

Aos poucos, os pais foram ficando mais atentos a essa linguagem e passaram a mencionar alguma postura do garoto que indicava que ele gostava de frequentar a casa deles: um tênis esquecido embaixo da cama, a mochila pronta dias antes de eles irem buscá-lo no abrigo, um calendário feito para contar os dias até vê-los novamente... E outros importantes detalhes que evidenciavam suas vontades e suas ansiedades.

Mesmo depois dessas percepções, porém, às vezes se questionavam sobre o desejo do garoto de ser adotado e de tê-los como pais: "Será que é de verdade?". É uma pergunta intrigante, pois novamente remete ao medo de se envolver e à dificuldade de confiar. Mas, dessa vez, eram os pais que muitas vezes se sentiam desqualificados e desprezados pelo menino. Ou seja, após viver uma série de abandonos, agora era ele quem gerava a sensação de desamparo e insegurança. Era ele quem fazia o outro conviver com a dolorosa dúvida em relação à veracidade de seu desejo de ficar.

A questão é que, ao repetir a vivência traumática desde uma posição ativa, a criança enclausura-se nessa mesma cena: é um menino "mau" que não cabe em uma família, não é suportado por seus cuidadores. E os pais adotivos, não sabendo lidar com os comportamentos e os ataques do garoto, o devolvem ao abrigo, lançando-o àquilo que mais teme e, ao mesmo tempo, busca: a confirmação de que não há outra saída.

Tentando entender os sonhos de guerra em que a cena traumática se repete incessantemente, Freud (1920/2010) foi percebendo que aqueles que têm esses sonhos não só não se ocupam dessas lembranças quando acordados, como se esforçam por evitar tais pensamentos. Se o sonho não funciona aí como realização de desejo, estaria a atividade do sonho corrompida pelo trauma? – questiona-se.

Seguindo suas observações e suas interrogações, chega à formulação de que não se trata de *recordação*, mas de uma *repetição* que tenta dominar o excesso característico do traumático. Em caráter de ameaça e de surpresa, o evento traumático excede a capacidade psíquica de defesa, impossibilitando qualquer trabalho de ligação frente à tamanha excitação que invade o aparelho psíquico. A partir daí, a repetição é entendida justamente como tentativa de domínio desse excesso, de "freio" de energia psíquica (Laplanche, 1998). Não se trata, portanto, de obtenção de prazer, mas de um desesperado apelo no sentido de que algo barre esse transbordamento.

É importante notarmos como tais formulações levam à revisão do próprio método psicanalítico, visto que há conteúdos que não serão trazidos à consciência por meio da suspensão de resistências e da recordação do passado, mas estarão, antes, sendo repetidos na transferência "como vivência atual" (Freud, 1920/2010, p. 177). Quando a repetição transferencial acontece, o analista é incluído no circuito pulsional do paciente, possibilitando que surja uma resposta que não reafirme a repetição como único caminho e permitindo, assim, a abertura para o novo (Tanis, 1995).

Marcia Regina Porto Ferreira (2011) estuda os chamados "traumas não elaboráveis" em crianças institucionalizadas e precocemente separadas de suas mães. A autora nos ajuda a entender que a angústia, nessas situações, não diz respeito somente ao trauma em si, mas à impossibilidade de elaboração devida à ausência de um adulto que viabilize ligações simbolizantes aos afetos disparados por vivências de horror e de susto, que vagam pelo psiquismo sem inscrição. Faz-se extremamente necessário "traduzir para ela o indigerível" (p. 113), já que são psiquismos inundados por excitações sem texto.

No processo analítico mencionado, há a vivência de algo inusitado para o garoto: uma relação contínua de cuidado com a analista. Trata-se de uma relação que implica a recuperação da função materna, de uma mãe dos primórdios, diferente da mãe que abandona, o que favorece inclusive a construção de uma relação com os pais adotivos, visto que a restauração de objetos ternos é imprescindível para o investimento em novos objetos (Ferreira, 2011). Em outras palavras, é preciso que haja esperança de que é possível ser acolhido e protegido para que se possa arriscar a confiar de novo.

Pretendentes à adoção e clínica ampliada

Uma única certeza
demora em mim:
o que em nós já foi menino
não envelhecerá nunca.

"Declaração de bens", Mia Couto

Até aqui, focamos nas crianças nesse processo de adoção. Como vimos, existe a possibilidade de atualização do traumático vivido, e é necessário que aqueles que pretendem adotar estejam em contato com essa possibilidade para que, suportando tais experiências – e tendo suporte para isso –, possam criar outra história. Mas não podemos esquecer que a maternidade/paternidade, biológica ou adotiva, atualiza questões infantis dos próprios pais. Estes, por mais que possam planejar ter filhos, não têm como prever como será ocupar o lugar de pai/mãe.

No caso mencionado, quando tive a oportunidade de conversar com a mãe adotiva, ela relatou que os abandonos vividos pelo menino a faziam lembrar sua própria história. Contou emocionada sobre períodos de muita solidão e disse não conseguir lidar com as agressões do garoto, pois estas chegavam para ela acompanhadas da ideia de que ele não gostava de tê-la como mãe. Além disso, não conseguia colocar limites à criança, pois ficava "com pena por tudo o que ela viveu". Cabe nos questionarmos de que criança ela estava falando: do menino que adotou? Da criança que ela mesma foi? Da criança dentro dela que se vê no filho e na sua história?

Após alguns encontros, a mãe decidiu buscar um espaço de psicoterapia para si, pois foi percebendo que suas questões lhe traziam sensações e dificuldades no contato com o menino.

Como acontece com frequência no trabalho clínico, esses encontros também produziram desdobramentos em nós. Eu estava na época terminando o curso de Formação em Psicanálise com Crianças no Instituto Sedes Sapientiae e escrevendo sobre este caso no trabalho de monografia orientado pela professora Marcia Regina Porto Ferreira. Fui então convidada por ela para fazer parte do Núcleo Acesso com o intuito de iniciarmos um trabalho com pretendentes à adoção. Fomos pensando que a psicanálise tem muito a contribuir, não só para as crianças e os adolescentes – trabalho já realizado há anos por este grupo –, mas também para os pretendentes.

Maria Luiza de Assis Moura Ghirardi (2015), em ampla pesquisa sobre a devolução de crianças adotadas, aponta o fato de que os adotantes são sujeitos muitas vezes vindos de frustradas e exaustivas tentativas de engravidar, em relação às quais a criança adotada pode ficar idealmente investida como "salvadora", gerando exageradas expectativas. Há também a possibilidade de essa criança ficar colocada como representante da infertilidade dos pais, gerando todo tipo de angústia e ressentimento. Além disso, o filho adotivo é portador de grandes enigmas em relação a suas origens e suas vivências anteriores, o que pode mobilizar uma série de fantasias e conflitos.

Vemos, portanto, que nesse campo também há um grande quebra-cabeça que se apresenta, o que fica ainda mais evidente nos casos de devolução. Assim, não se trata de "preparar" a criança para ser adotada, mas de criar melhores condições a esse encontro que envolve angústias, fantasias e desejos de ambos os lados: das crianças e dos adotantes.

Tendo isso em vista, e apostando na riqueza de configurações mais coletivas, escolhemos o dispositivo grupal enquanto espaço de escuta e troca entre pretendentes à adoção. Estruturamos uma proposta de grupo (que será mais detalhada e aprofundada no capítulo seguinte), coordenado por terapeutas do Núcleo Acesso, que foi divulgada às Varas da Infância e da Juventude de São Paulo. Considerando de fundamental importância dar lugar e possibilitar a circulação e a elaboração de não ditos que atravessam os processos de adoção, nossa ideia foi compor um espaço de confiança e acolhimento, evidenciando a complexidade desses processos a partir das múltiplas singularidades em jogo.

Além desses grupos e de atendimentos individuais, entendemos que o trabalho com crianças em processo de adoção precisa incluir o diálogo com profissionais do setor jurídico e do serviço de acolhimento onde a criança reside. Vemos nos casos acompanhados pelo Núcleo Acesso que questões colocadas como sendo exclusivamente das crianças frequentemente apontam para dinâmicas institucionais e familiares. É imprescindível, portanto, que não se naturalize a ideia de que a criança é "o problema". Como diz Vicentin (2006), o sofrimento psíquico na infância envolve sempre uma rede ampla, que inclui a criança, sua família, seus entornos, a própria instituição de tratamento e "os processos sócio-político-institucionais de produção de subjetividade" (p. 14).

Entendemos também, frente aos complexos enredamentos dessa clínica, que precisamos "transformar os graves comprometimentos psíquicos em compromissos coletivos, em redes sociais de proteção" (Vicentin, 2006, p. 14), o que envolve desde estratégias terapêuticas construídas por profissionais e instituições de saúde até políticas públicas que garantam os direitos das crianças e dos adolescentes – lembrando que a assistência a essa população caracterizou-se pela exclusão e pela criminalização da infância pobre durante quase todo o século XX (Brasil, 2005). Trata-se de um posicionamento clínico, ético e político que visa promover novas saídas não só aos nossos pacientes, mas às infâncias brasileiras.

Concluímos que a psicanálise tem muito a dizer e a contribuir nas experiências de adoções, pois é de fundamental importância escutar – naquilo que se repete, se desloca, se enuncia e denuncia – mensagens e atuações inconscientes que muitas vezes gritam sem ser ouvidas, causando grande confusão e sofrimento.

Referências

Amado, J. (2009). *Capitães da areia*. São Paulo: Companhia das Letras. (Trabalho original publicado em 1937).

Brasil. Ministério da Saúde. Secretaria de Atenção à Saúde. Departamento de Ações Programáticas Estratégicas. (2005). *Caminhos para uma política de saúde mental infanto-juvenil*. Brasília: Editora do Ministério da Saúde.

Couto, M. (2016). "Declaração de bens". In M. Couto, *Poemas escolhidos* (p. 172). São Paulo: Companhia das Letras.

Ferreira, M. P. (2011). *Traumas não elaboráveis: clínica psicanalítica com crianças*. São Paulo: Zagodoni.

Freud, S. (2010). Além do princípio do prazer. In S. Freud, *História de uma neurose infantil ("O homem dos lobos"): Além do princípio do prazer e outros textos (1917-1920)*. São Paulo: Companhia das Letras. (Trabalho original publicado em 1920).

Ghirardi, M. L. A. M. (2015). *Devolução de crianças adotadas: um estudo psicanalítico*. São Paulo: Primavera Editorial.

Laplanche, J. (1998). *Problemáticas I: a angústia*. 3a. ed. São Paulo: Martins Fontes.

Tanis, B. (1995). A transferência e o infantil. *Revista Percurso*, (14), 45-53.

Vicentin, M. C. G. (2006). Infância e adolescência: uma clínica necessariamente ampliada. *Revista de Terapia Ocupacional da Universidade de São Paulo*, *17*(1).

Grupo de pretendentes à adoção: um dispositivo coletivo de construção e ressignificação das parentalidades

Camila Deneno Perez

Débora Gaino Albiero

Marina Galacini Massari

Saulo Araújo Cunha

Introdução

As devoluções de crianças adotadas circulam na clínica psicanalítica como um tema que assombra e inquieta, gerando diversas polêmicas e questionamentos. Esse é um assunto bastante complexo, que nos leva a questionar o que pode ter acontecido para que pessoas que manifestaram de alguma forma um desejo de adotar, buscaram e se dispuseram a participar dos trâmites necessários à efetivação legal de uma adoção optem por devolver aquele ou aquela que seria, ao menos judicialmente, seu filho ou filha: seria um fracasso da criança? Um fracasso dos pais ou dos procedimentos de adoção?[1]

Talvez o que mais rapidamente ocorra no imaginário social se relacione a uma suposta crueldade ou desumanidade daqueles que devolveram, ou a uma ideia de que crianças e adolescentes acolhidos podem ser mesmo bastante difíceis. Mas estas são meras simplificações, e sabemos que o encontro entre candidatos à adoção[2] e crianças e adolescentes acolhidos é muito mais complexo. Ou, dizendo de outro modo, temos notícias, enquanto psicanalistas, das infinitas possibilidades de tramas conscientes e inconscientes que perpassam um encontro entre pais/mães e filhos(as), sejam adotivos ou não. Nesse sentido, um desejo de adotar não necessariamente equivale a um desejo de se tornar pai ou mãe, ou de ter um filho.

E, se começamos este capítulo com esse assunto, é porque foi justamente o atendimento psicanalítico de uma criança que foi adotada e devolvida, e do casal que a adotou e devolveu,[3] o que nos levou a nos debruçar sobre e estudar as questões relativas à construção da parentalidade e a vislumbrar um espaço grupal em que estas pudessem aparecer e ser ditas, sentidas e vivenciadas coletivamente.

A partir da escuta desse caso, deparamos com a enorme solidão dos candidatos que estão em um processo de adoção. Para além de jurídico e burocrático, é um processo que envolve e suscita uma série de afetos que muitas vezes conflitam e assustam. Como as entrevistas nas Varas da Infância e da Juventude têm um caráter avaliativo, pois vão determinar se aquelas pessoas estão "aptas" ou não a adotar, os

---

1 Para aprofundamento deste tema, remetemos o leitor ao trabalho de Maria Luiza de Assis Moura Ghirardi (2015).

2 Neste texto, usaremos os termos "pessoas em processo de adoção", "pretendentes à adoção" e "candidatos à adoção" como sinônimos. Neles está incluída a possibilidade de ser uma dupla (um casal hétero ou homoafetivo) ou não: apenas uma mulher ou um homem, como são denominadas as adoções independentes.

3 Este caso foi discutido no capítulo anterior.

candidatos se veem precisando sustentar uma performance de que serão bons pais, de que estão preparados. Onde, então, é possível simbolizar as fantasias, as ansiedades e as hesitações que fazem furo no desejo? Como falar sobre as dúvidas se muitas vezes a pressão (externa e interna) é por certezas em relação à decisão de adotar e/ou de ser mãe/pai?

Pensamos que, em grupo, as falas circulariam de modo que os participantes pudessem compartilhar vivências semelhantes e, ao mesmo tempo, únicas, tornando possíveis identificações que mantivessem espaço para singularidade e, portanto, para diferentes olhares, opiniões e experiências subjetivas. Assim, a ideia inicial não foi montar um "grupo de apoio" à adoção, mas um espaço que sustentasse, inclusive, a possibilidade de se descobrir não querendo adotar, ou não querendo ser pai ou mãe de jeito nenhum. Nosso grupo é, portanto, um grupo terapêutico, como falaremos mais adiante.

Entendemos, então, que seria imprescindível para que um grupo assim pudesse operar que os participantes soubessem que seria um espaço sigiloso – nenhuma informação seria repassada para a Vara ou sairia dali – e seguro para acolher o não saber, os medos e as expectativas, as angústias e os desejos.

Inicialmente, nos organizamos para montar um primeiro grupo coordenado por duas terapeutas do Núcleo Acesso, com início em setembro de 2018 na clínica do Instituto Sedes Sapientiae. Divulgamos a proposta às Varas da Infância e da Juventude da cidade de São Paulo e passamos a receber e-mails de pessoas em processo de adoção, indicadas por profissionais das Varas, para participar do grupo. Em geral, elas estavam no início do processo, ainda não habilitadas para a adoção.

Em virtude do excesso de demanda, poucos meses depois abrimos um segundo grupo coordenado por outro terapeuta do Núcleo Acesso. Para pensarmos sobre os encontros desses grupos, realizamos reuniões semanais de estudos e discussões teórico-clínicas.

Atualmente, temos três grupos em funcionamento: dois com frequência quinzenal e outro mensal, todos funcionando em modalidade online desde abril de 2020 por conta da pandemia da covid-19. Os grupos começam abertos a novos participantes até que o número máximo de vagas seja preenchido. Mas, como se espera que cada grupo se constitua numa grupalidade única e singular, acompanhamos os percursos, as necessidades, os próprios processo e momento grupais e, quando necessário, revemos o enquadre a partir do movimento vivo e pulsante do grupo. Os combinados não são, portanto, fixos e imutáveis, nem iguais para todos os grupos.

A participação é sempre condicionada à inscrição por e-mail, no qual os coordenadores orientam sobre: funcionamento, horário, frequência, compromisso de participação etc. É importante ressaltar que, após um longo período de discussões, decidimos instituir um pagamento para o grupo, que não é condição para a participação. Ou seja, quem não tem possibilidade de pagar continua podendo participar, mas os que podem são convidados a contribuir com um valor por encontro.

A partir desta breve apresentação, pretendemos trazer as questões clínico-teóricas que têm surgido nos grupos e sobre as quais temos refletido.

O grupo como espaço de confiança, sustentação e construção coletiva da parentalidade

Como já dissemos, nossa proposta para os grupos com pretendentes à adoção não é a de um grupo de apoio, tampouco um grupo de relatos de vivências bem- ou malsucedidas, ou palestras com temas específicos como uma transmissão de saber ou de conhecimentos que facilitem a experiência daqueles que desejam adotar. Os grupos que ofertamos têm uma proposta terapêutica e os coordenadores se pautam por uma escuta referenciada na psicanálise.

Entendemos, portanto, que o grupo é um espaço onde precisa caber a diferença, a alteridade, e que o nosso fazer é no sentido de uma singularização e de uma não homogeneização dos sujeitos que o compõe. Um espaço que favoreça o falar sobre o desejo de adotar: de onde veio; como se fez presente; como se inscreve na história de cada pretendente; como se sustenta (ou não) ao longo de todo o processo de inscrição e aprovação no Sistema Nacional de Adoção, vivido mais diretamente nos fóruns e nas Varas da Infância e da Juventude (VIJ); quais dificuldades vão sendo vividas e como são metabolizadas pelos pretendentes até o momento em que são habilitados e, por fim, chamados para a aproximação com uma criança/bebê/adolescente[4] que pode, ou não, vir a ser o seu filho. Também é um espaço onde precisam caber dúvidas, incertezas, medos, conflitos, inseguranças, fantasias e até – por que não? – uma possível desistência desse processo.

Diferentemente do que acontece nas entrevistas com psicólogos e assistentes sociais das VIJ, nossos grupos se propõem a criar sentidos – múltiplos e abertos – sem a necessidade de chegar a algum resultado esperado ou desejado. Os participantes não precisam provar uns para os outros, nem para os coordenadores, que são capazes e têm condições de ser pais/mães. Alguns dizem: "Isso eu só consigo falar aqui", quando trazem algo que num primeiro momento precisa

4 Quando falamos em adoção, neste capítulo, estamos nos referindo sempre à possibilidade de ser um bebê *ou* uma criança *ou* um adolescente, embora algumas vezes, na escrita do texto, prescindamos da inclusão dessas três possibilidades, as considerando sempre em um ou outro termo.

ser escondido até de si mesmo; algo mais obscuro, que só pode ser dito num espaço de confiança e cuidado.

Temos pensado que o grupo é um espaço de construção coletiva (embora também singular) da parentalidade. A psicanalista Maria Cecília Pereira da Silva (2014) nos diz:

> *Ter um filho não é o mesmo que tornar-se pai ou mãe, a parentalidade humana não é inata, tampouco um processo biológico, mas um processo complexo que se estrutura na mente dos pais e que necessita, muitas vezes, de um acompanhamento cuidadoso... Ao mesmo tempo, são os filhos que permitem a parentalização. A parentalidade, assim como a filiação, se constrói no aparelho psíquico. (p. 71)*

Isso significa que essa construção da parentalidade implica deparar com o desejo de ser pai ou mãe, com a história de cada um (enquanto bebê, a história de seus pais, de seus avós) e com as pulsões inconscientes, aquilo que move em direção a esse desejo. Implica investir essa criança que chegará antes mesmo de ela existir, sonhar um lugar para ela nessa família ou nessa linhagem, nessa rede de relações. Muitas vezes, as pessoas que desejam adotar vivem esse processo de forma solitária, não compartilhando com os familiares ou amigos essa jornada – ora porque na maioria das vezes ela é bastante exaustiva e não se sabe quando terá um fim, ora porque pode ser bastante difícil falar das impossibilidades ou do não desejo de gestar um filho biológico –, e encontram no grupo, junto a outras pessoas em condições por vezes semelhantes, a possibilidade de compartilhar os sentimentos e as emoções que se fazem presentes.

Embora o grupo seja um espaço no qual os sentimentos e as ideias podem emergir e ser sustentados, os participantes, naturalmente, levam um tempo para sentir alguma segurança e usar o espaço para tanto. Alguns não conseguem fazê-lo, e entre os que conseguem, cada qual o faz de acordo com suas condições pessoais. Aqueles que permanecem vão se aproximando e, algumas vezes, vai se desenvolvendo entre eles um sentimento de confiança.

> *Nos primeiros encontros grupais trata-se de instaurar um tempo, de criar um acolhimento, criar o espaço ainda não fundado do encontro. Um tempo de compreender. O tempo se busca e se experimenta na dignidade da questão, diz Blanchot (2010). Um tempo para formular uma questão e colocar a questão para trabalhar. Uma questão em relação à tarefa que une o grupo, pois o grupo não é a mera soma de seus integrantes, ele tem que constituir um tecido poroso e tramado.*
>
> *Poroso porque tem que ser aberto à múltipla participação e às diferentes formas de manifestação e tramado porque as diferenças presentes na sua dinâmica devem constituir a possibilidade da criação de algo em comum que os une e os move em direção à tarefa. Fazer com que o mal-estar, aquilo que não se liga e que faz sofrer, um sintoma, um luto, um sem sentido da vida possa se enlaçar, e ser ouvido no grupo, e com isso, fazer com que cada integrante encontre formas de dizer no grupo algo de si, para depois desenlaçar, criando um jeito próprio de estar na vida. (Broide, 2016, p. 14)*

Em um dos grupos aconteceu que os participantes formaram um grupo no WhatsApp e passaram a se comunicar com frequência. O assunto, pelo que contam, é quase sempre a adoção. Compartilham informações sobre palestras, vídeos, publicações, além de comunicarem o que lhes aconteceu nas idas ao fórum e o andamento de seus processos. Assim, quando chegam aos encontros, os participantes estão, muitas vezes, a par do que aconteceu com os companheiros de grupo. Há, todavia, assuntos que somente são revelados nos encontros.

Alguns daqueles que deixam o grupo continuam ligados aos que ficam e, além de continuar participando do grupo do WhatsApp, comparecem aos encontros promovidos por alguém que continua ou que já não frequenta o grupo, como piqueniques e algumas comemorações. Uma atriz, que permaneceu por um bom tempo no grupo, convida aqueles que conheceu nos encontros para a apresentação de seus trabalhos. Ela criou um canal no YouTube para falar de adoção, promove lives regularmente e convida os demais membros do grupo para assisti-las.

Nesse grupo, foi se desenvolvendo alguma intimidade entre os participantes, o que tem lhes permitido compartilhar aquilo que sentem e pensam. Aos poucos, foi ficando evidente que a entrada de novas pessoas provoca um estranhamento e que os participantes se retraem. Chegou-se assim à conclusão de que seria interessante, pelo menos por um tempo, evitar a entrada de novos candidatos à adoção.

Em uma certa altura, as mulheres anunciaram que criaram espontaneamente um grupo para discutir assuntos relacionados a elas.

Um casal que iniciou o processo de aproximação com um adolescente começou a ter algumas dificuldades e achou que outro casal, que havia participado do grupo e já tinha recebido seus filhos, poderia ajudá-lo. Assim, os casais passaram a conversar.

Em outro encontro, uma das participantes expôs o desejo – necessidade, possivelmente – de que os membros do grupo permaneçam unidos mesmo após a chegada dos filhos e possam, como uma família, encontrar-se periodicamente.

Alguns candidatos que chegaram ao grupo tomados pelo sentimento de solidão encontraram pessoas com as quais se identificaram. Entre os participantes começou a se desenvolver um sentimento de segurança. Aos poucos, eles estão se ligando afetivamente e, com isso, têm conseguido se expor e realizar trocas. Passaram assim a sentir-se, em alguma medida, acompanhados e desejam que isso permaneça quando os filhos chegarem e eles se tornarem pais e mães.

O grupo como espaço de testemunho e ressignificação

Alguns participantes relatam a vivência do processo de adoção como uma gestação invisível, pois embora não aconteça no corpo físico nem dê notícias concretas para as pessoas ao redor, ocupa uma dimensão psíquica e simbólica que, a depender da experiência, pode vir a ser traumatizante se não encontra no outro o reconhecimento da dor. O grupo pode ser um espaço de continência, escuta, suporte e testemunho para que essa gestação (do filho que esperam chegar pelas vias judiciais) possa ser vivida, falada, sentida, simbolizada. "... é sobre a repetição do tempo do testemunho que atuamos clinicamente, possibilitando ao analisando, por meio do resgate da confiança perdida, a oportunidade de encontrar um destinatário capaz de escutar sua dor e atestar seu desalento" (Kupermann, 2019, p. 59).

Em geral, pelo que temos visto nesta clínica, o tempo de espera para que um pretendente encontre a criança dentro do perfil escolhido não é curto. Inicia-se o processo de uma forma mais burocrática, na qual os documentos são apresentados e as entrevistas e as visitas acontecem, até que o candidato seja habilitado para a adoção e aguarde, efetivamente, a chegada de uma criança.

Em nossos grupos, acompanhando esse percurso, vemos que há um caminho que se repete: as questões iniciais dos grupos giram em torno desse primeiro momento, mais burocrático, do "como fazer", em que as experiências vão sendo compartilhadas. Por vezes, algumas pessoas se consideram mais "veteranas" e adotam posições de saber, autorizando-se a dizer para os outros, recém-chegados ou iniciantes no processo da adoção ("calouros ou novatos", como muitas vezes eles se denominam), como o processo "funciona". Parece que essa diferenciação criada entre os participantes gera a sensação de estarem avançando, de que não estão estagnados ou ainda em um momento muito inicial, e, assim, podem se ver mais perto do fim almejado (ser chamados para a aproximação efetiva com uma criança).

Talvez possamos relacionar essa atividade dos mais experientes como um gesto que os tira de uma posição mais submetida ao ser avaliados/habilitados – processo que pode ser, além de longo, muito custoso psiquicamente. São raras as vezes em que casais que engravidam são obrigados a responder questões como: por que vocês querem ter um filho? Por que se acham em condições disso? Quantos cômodos você tem na sua casa? Você tem condições financeiras de sustentar uma criança? Como pensa que reagirá quando seus filhos contrariarem alguma decisão sua ou testarem seus limites? Por mais que essas questões possam circular imaginariamente entre as pessoas quando veem um casal ou uma mulher grávida, na maioria das vezes elas não são passíveis de ser verbalizadas. Para uma pessoa ou um casal que deseja adotar, essas perguntas, além de precisarem de uma resposta, necessitam também de uma resposta "certa", que coincida com o que o entrevistador espera encontrar.

Após a habilitação, sentimos que o grupo se apropria de uma demanda mais terapêutica. Notamos, nesse "segundo momento", que as questões ganham outra dimensão: onde será que está a criança que será minha filha? Ela está bem? Como ela será? Serei um bom pai/mãe? Como será o primeiro encontro? Será uma paixão à primeira vista ou precisaremos de muitos encontros para nos conhecermos e para sentir que "rolou um *match*", para nos identificarmos? Será que eu viverei uma aproximação mais fácil ou mais difícil? E se acontecer um possível desencontro e eu eventualmente não aceitar ou não me identificar com a criança "selecionada" para mim?

Ainda, vão surgindo e cabendo no grupo, quando este se constitui num espaço seguro e confiável, outros questionamentos: como uma criança passa a nomear um desconhecido de pai/mãe? Como vai ser o caminho até eu sentir que a criança é minha filha? E se não der certo? E se for muito difícil? E se eu me arrepender? E se eu não aguentar? E se ela não me amar? Será que eu quero mesmo adotar, ou estou fazendo isso pelo meu companheiro? Ou para não viver uma velhice sozinho? Ou com uma ideia de generosidade e benevolência para com uma criança que eu considero carente e necessitada de uma família?

As fantasias sobre a história da criança, sua origem, o que levou ao afastamento da família biológica, as possíveis negligências ou violências que sofreu, os vínculos que ainda permanecem de maneira consciente ou inconsciente, as rupturas vivenciadas e a disponibilidade para se ligar a uma nova relação de filiação[5] se fazem presentes também nas sessões em grupo.

Em um grupo que se propõe a ser terapêutico, todas essas questões importam e podem levar o grupo a se repensar e se reposicionar

5 Para estes temas, sugerimos os trabalhos de Cynthia Peiter (2011, 2016a, 2016b).

subjetivamente. Na medida em que as experiências podem ser nomeadas e testemunhadas, abre-se espaço para a ressignificação:

> *Nesse sentido, todos no grupo atribuem significado e interpretam continuamente a si próprios, seus semelhantes e seus objetos em comum. Aqui, um fenômeno muito conhecido por todos que trabalham com grupos em diferentes referenciais: o grupo possui grande potencial para um trabalho de ressignificação. As falas ditas no grupo se cruzam e seus significados são passíveis de mudança, podendo ser retomadas pelo sujeito que as emitiu depois de transformadas fora de si. Não raro, um participante regular do grupo, independentemente de sua formação, oferece uma construção de sentido sobre o que se passa que se assemelha ao que poderia ter sido dito pelo analista como interpretação. (Castanho, 2014, p. 43)*

O grupo como espaço para brincar de ser pai/mãe

Freud, em "Além do princípio do prazer" (1920/2010), se volta às brincadeiras infantis para estudar o modo como trabalha o aparelho psíquico: observa que as crianças podem viver ativamente, agora na brincadeira, o que lhes foi imposto de forma passiva. "Vê-se que as crianças repetem, brincando, o que lhes produziu uma forte impressão na vida, que nisso reagem e diminuem a intensidade da impressão e tornam-se, por assim dizer, donos da situação" (pp. 174-175). Assim, Freud apresenta a ideia de que a repetição de experiências desprazerosas por meio da brincadeira é uma forma de elas continuarem disponíveis ao psiquismo em busca de novos sentidos.

Winnicott (1971/2019) aposta no brincar como uma composição entre o "dentro" e o "fora", não estando localizado em nenhum desses lugares. Não está "dentro" porque leva em conta o externo, tampouco está "fora" porque usa a realidade externa justamente para transformá-la: "Para controlar o que está fora, é preciso fazer coisas, não apenas pensar ou desejar, e fazer coisas demanda tempo. Brincar é fazer" (pp. 73-74). Nesse sentido, leva-se muito a sério o grupo como um espaço onde o lúdico possa se fazer presente, mesmo em meio à dor e ao sofrimento: os integrantes transformam-se (ou não) em pais ou mães enquanto a realidade se apresenta a eles e transformam a realidade de suas respectivas parentalidades conforme se veem implicados nela.

O preenchimento da ficha nas Varas[6] é um tema recorrente de mal-estar. Os participantes se interrogam: tenho o direito de escolher o filho que quero? O que isso significa? Ao fazer isso, sentem-se excluindo ou "descartando" muitas crianças, como se elas fossem mercadorias e não pessoas. As comparações do processo de adoção com uma gravidez biológica acabam surgindo e, por vezes, são inevitáveis. Nesses casos, o conselho dado no grupo pelos que já passaram por essa etapa, de que assumam só "o que podem suportar", pode ser entendido como um convite a aceitarem que podem, sim, desejar e se haver com seus desejos naquele espaço – da ficha e do grupo. Trabalhamos então ideais, medos, fantasias e incertezas, embora ainda se trate aqui daquilo que se constrói no imaginário dos pais sobre o que será vivido no futuro, o que pode ser muito diferente do encontro concreto com a criança.

6 Como uma das etapas do processo de adoção, há o preenchimento de uma ficha que convida os pretendentes a assinalar dados e traços da criança que passam por gênero, idade, raça, doenças. O resultado dessa ficha evidencia o "perfil", como dizem, da criança que aquela pessoa ou casal deseja adotar. Após a habilitação, o perfil é o que vai posicioná-los na fila, no Cadastro Nacional de Adoção.

Após a habilitação, surge a angústia da espera, frente a tantas incertezas sobre "quando", "como" e "de onde" seus filhos chegarão. O desejo de concretizar algo, talvez como forma de aplacar a ansiedade ou de se ver mais perto da criança, se contrapõe a um enorme não saber: como preparar um quarto se não sei se será menino ou menina? Como comprar roupas se não sei sua idade e seus gostos? Como pensar em uma escola se não sei se será criança ou adolescente? Essas lacunas de respostas não os paralisam. Embora não possam, ainda, fazer a matrícula na escola, podem, por exemplo, pensar juntos que educação gostariam de dar aos filhos. Diante de todas as incertezas do processo, podem brincar de ser pais/mães: justamente porque não há respostas prontas, é possível transitar entre o que constroem internamente e a realidade, experimentando, pela espera, a vida com filhos.

É comum que compartilhem nos encontros o que lhes é dito por familiares, amigos e colegas de trabalho quando conversam sobre adoção. As reações, as perguntas e os comentários que escutam e que a eles se direcionam são quase sempre muito parecidos e tocam em questões difíceis e doloridas desse processo. O grupo passa a ser, então, espaço para se ouvirem dizendo sobre a solidão, a falta de compreensão e acolhimento, o desconhecimento dos outros sobre suas realidades, seus medos e suas angústias mais íntimos. Podem traduzir e nomear o que sentem e dar voz ao que ficou silenciado. Podem, ainda, ensaiar, num gesto de brincar compartilhado, o que gostariam de dizer – a amigos, familiares e ao mundo sobre o processo. O grupo acompanha, compreende, acolhe e sugere respostas ácidas, irônicas e bem-humoradas. Juntos, repetem, nomeiam e transformam a experiência. Não à toa, os integrantes dos grupos estabelecem relações que extrapolam os encontros instituídos pelos coordenadores.

O grupo, como espaço de confiança e sustentação, testemunho e ressignificação, possibilita que os participantes saiam de uma posição passiva, marcada muitas vezes pela incapacidade, pela insuficiência e pela avaliação externa, para uma posição ativa, afetiva e compartilhada da experiência da parentalidade - que não se inicia só quando o filho chega, mas é construída, ao longo do tempo, em cada um e em todos.

Referências

Blanchot, M. (2010). *A conversa infinita 1*. São Paulo: Escuta.

Broide, E. E. (2016). Os grupos na instituição: lógicas e problemáticas. In C. C. F. Guedes, & F. G. Sato, *Caderno Enlaces: textos de referência do projeto de formação de profissionais da Assistência Social de Osasco* (Vol. 3). São Paulo: Núcleo Entretempos.

Castanho, P. (2014). Sobre como trabalha um analista ao coordenar um grupo, *Vínculo - Revista do NESME, 11*(2), 1-52.

Freud, S. (2010). Além do princípio do prazer. In S. Freud, *História de uma neurose infantil ("O homem dos lobos"): Além do princípio do prazer e outros textos*. São Paulo: Companhia das Letras. (Trabalho original publicado em 1920).

Ghirardi, M. L. A. M. (2015). *Devolução de crianças adotadas: um estudo psicanalítico*. São Paulo: Primavera Editorial.

Kupermann, D. (2019). *Por que Ferenczi?* São Paulo: Zagodoni.

Peiter, C. (2011). *Adoção, vínculos e rupturas: do abrigo à família adotiva*. São Paulo: Zagodoni.

Peiter, C. (2016a). Fenômenos transicionais na apropriação da família adotiva. In M. L. A. M. Ghirardi, & M. P. Ferreira, *Laços e rupturas: leituras sobre a adoção e o acolhimento institucional.* São Paulo: Escuta.

Peiter, C. (2016b). Onde está a criança abandonada? Reflexões sobre o altruísmo na adoção. In M. L. A. M. Ghirardi, & M. P. Ferreira, *Laços e rupturas: leituras sobre a adoção e o acolhimento institucional.* São Paulo: Escuta.

Silva, M. C. P. (2014). *A construção da parentalidade em mães adolescentes: um modelo de intervenção e prevenção.* 2a. ed. rev. São Paulo: Escuta.

Winnicott, D. W. (2019). O brincar: proposição teórica. In D. W. Winnicott, *O brincar e a realidade.* São Paulo: Ubu. (Trabalho original publicado em 1971).

Da dependência à autonomia: um percurso que começa cedo[1]

Cristina Banduk Seguim

No trabalho de formação e supervisão com profissionais dos Serviços de Acolhimento Institucional para Crianças e Adolescentes (Saicas),[2] temos deparado com queixas recorrentes a respeito da falta de autonomia das crianças e dos adolescentes que vivem nestas instituições. "São muito passivos e dependentes"; "não querem nada"; "são muito folgados", dizem os profissionais. Buscando um aprofundamento e uma melhor compreensão do que se passa no âmbito institucional e gera efeitos como os descritos, nos debruçaremos neste artigo sobre as relações que se tecem na instituição entre as crianças e adolescentes e os adultos responsáveis pelos seus cuidados.

Proteção e autonomia são condições indispensáveis ao crescimento saudável de bebês, crianças e adolescentes. O início da vida humana é marcado por um período de extrema dependência; o

1 Artigo escrito a partir de uma palestra para profissionais do acolhimento institucional, na Jornada Proteção e Autonomia nas instituições de acolhimento, realizada no Instituto Sedes Sapientiae pelo Grupo Acesso em 2013.

2 Equipe clínico-institucional do Núcleo Acesso – Estudos, Intervenções e Pesquisa sobre Adoção da clínica psicológica do Instituto Sedes Sapientiae.

bebê humano não é capaz de existir sem alguém que o tome sob seus cuidados e de quem ele dependerá durante os primeiros anos de sua vida.

Como condição para a constituição psíquica da criança, operam duas funções estruturantes: função materna e função paterna, que podem ser exercidas por qualquer pessoa que se responsabilize pelos cuidados da criança. A função materna exige intensos adaptação e envolvimento do adulto com a criança, oferecendo a esta proteção, segurança, estabilidade, cuidados contínuos e previsíveis. Ela possibilita que a criança viva a experiência da *dependência*, assegurando a satisfação das necessidades físicas e emocionais, evitando situações de sofrimento e oferecendo condições para o nascimento psíquico.

O ser humano nasce dependente do ponto de vista biológico e logo se tornará dependente também psicologicamente; aquele que exerce os cuidados primários se torna objeto de amor. A função materna também nomeia e atribui significados às ações da criança, oferecendo a ela *marcas identificatórias*, sedimentadas ao longo do tempo, ao observar, imaginar, fantasiar e investir amorosamente naquela criança.

A criança não entra passivamente no repertório que lhe é oferecido pelo adulto; ela entra com traços próprios que contribuirão para sua subjetivação. No entanto, capta a forma como é olhada pelo adulto e o que este espera dela; responde a isso por meio de identificações, nas quais se assemelha de alguma forma ao que é esperado, buscando assim se fazer amar. É necessário, para que a criança se constitua como sujeito humano, que *alguém imagine e sonhe com um vir a ser, um futuro para ela*. Então, as crianças devem ultrapassar a condição de dependência e ser capazes de se apropriar do que foi vivido e construído na relação com o outro, aquele que delas cuidou.

A função paterna *pode ser exercida pelo pai ou por qualquer pessoa ou situação que desloque a criança do lugar de ser tudo para sua mãe; ela incide nos laços do bebê com a mãe, produzindo separação e discriminação.* Com o tempo e com o apoio do adulto, a criança realiza as primeiras separações – desmame, retirada das fraldas, abandono da chupeta e da mamadeira, passagem para a alimentação sólida, entrada na creche, uso da linguagem – e avança na constituição de uma subjetividade e uma identidade próprias. Dessa forma, ganha potência e autonomia.

"O ativador do germe inicial da potência é afetivo: sentir-se amado, importante e necessário, determina a sensação subjetiva de ser poderoso" (Di Loreto, 2007, p. 60). Oswaldo Di Loreto, psicanalista que se debruçou sobre o estudo do processo de desenvolvimento da potência na criança, afirma que a impotência inicial – e real – do bebê *é compensada e encoberta pela função materna*, que, ao oferecer uma proteção quase mágica, gera na criança a sensação de potência, sendo esta, nos primeiros anos de vida, *onipotência* ou o que ele nomeia de *potência virtual*. Falar em onipotência significa dizer que a criança se atribui *recursos e capacidades ilusórios*. Essa potência é nomeada por Di Loreto como virtual *pois pertence à criança apenas por empréstimo da mãe*. É a fase da dependência total, quando a criança sente que as coisas acontecem porque ela tem necessidade; a criança sente-se irrealisticamente poderosa.

Com o amadurecimento motor e a conquista da locomoção, tem início o desenvolvimento da potência e, conforme se sente potente, a criança se lança à conquista do mundo dos objetos, do espaço ao redor, se aventura de forma temerária, *contando com habilidades que ainda não possui*. Di Loreto (2007) afirma que se a criança fizesse um registro realista de seus tombos, provavelmente não aprenderia a andar; todos nós, em certos momentos, precisamos contar com recursos que ainda não possuímos como se os tivéssemos, para ultrapassarmos desafios. Esse modo de funcionar voltará a ter valor especial nas experimentações adolescentes.

Com o crescimento, a criança adquire mais consciência de suas limitações e torna-se, aos poucos, mais realista; suas conquistas se darão por meio do uso que é capaz de fazer de seus recursos, suas possibilidades de esforço, de superação, de conquista. "O que não é engano é potência" (Di Loreto, 2007, p. 47), indicando que a potência é uma construção singular da criança, ao contrário da onipotência, que diz respeito ao "empréstimo" oferecido pela mãe.

Da onipotência à construção de uma identidade potente

> *Sensação psicológica e subjetiva de possuir capacidades, de ter recursos, de 'poder'. Sensação subjetiva, portanto, incorporada à identidade. . . . A próxima configuração da mente é aquela que permite sentir-se poderoso.* É a mente adequada à conquista ativa da realidade. *Proponho chamá-la de identidade potente. (Di Loreto, 2007, p. 47, grifo nosso)*

Neste momento intermediário, passagem da dependência rumo ao desenvolvimento da potência, a criança necessita da presença do adulto, tanto para protegê-la quanto para dar significado às experiências vividas. Um exemplo é quando o bebê começa a andar e, ao cair, olha para a mãe e reage em sintonia com o que ela expressa, para decidir se chora ou se levanta e segue em frente. A reação materna ajuda a criança a significar sua experiência.

Estas experiências iniciais são *as bases da autonomia*, construída na relação com o outro, com o adulto perto, em conexão e ao alcance da criança. A segurança que surge daí é que tornará possível à criança ensaiar os afastamentos do adulto e suas expedições – ainda breves – pelo vasto mundo, apoiada e referida nessa presença confiável.

No ambiente institucional

As crianças em situação de acolhimento sofreram rupturas e separação de suas famílias de origem, foram viver longe de seu universo conhecido, romperam com relações de parentesco, vizinhança, amizade. São crianças para as quais o ideal foi rompido de saída, é o universo de falhas e fracassos das mais diversas ordens: sociais, econômicos, familiares, emocionais. É o universo da precariedade, da falta e das perdas.

As relações com os profissionais do acolhimento institucional se iniciam com a chegada da criança ao Saica, após a separação de sua família de origem. Pensamos que as relações que se constituem a partir daí são uma base e uma ponte para novas vinculações. Os educadores pressentem que são convocados para um cuidado que precisaria ter o caráter de uma reparação, na medida em que se trata de uma separação extremamente dolorosa para a maioria das crianças.

A forma como os adultos entendem e nomeiam as condutas das crianças e dos adolescentes desencadeia afetos e efeitos no entendimento que eles têm de si e do mundo em que vivem. As representações de si pelo olhar do outro incidem no psiquismo e constroem identidade; são comunicações por olhares, atos, gestos e também palavras. Não entendemos as emoções e os afetos como características individuais de cada um, mas como algo que é gerado nos encontros, nas relações afetivas e sociais em que estamos inseridos.

Dependência e autonomia

Dependência e autonomia são inerentes ao crescimento de todo ser humano, seja dentro ou fora do âmbito familiar. Nossa experiência de trabalho com profissionais do acolhimento mostra o quanto é desafiador para educadores e técnicos transitar entre estas duas possibilidades – proteção e autonomia – junto a bebês, crianças e adolescentes.

Como oferecer proteção e também oportunidades de independência e autonomia? Como permitir condições de crescimento, em vez de fazer e decidir por eles, fixando-os em posições passivas e dependentes? Como desalojar os adolescentes de uma posição dependente sem deixá-los à deriva e, em nome da autonomia, abandoná-los à própria sorte?

Autonomia não é autossuficiência e começa cedo

Pensamos que independência e autonomia *são construções que começam cedo*, construções progressivas que se iniciam na primeira infância. Elas se dão na medida em que crianças e adolescentes possam ser reconhecidos em suas necessidades, seus interesses, suas habilidades, para então poderem reconhecê-los, para construírem uma potência, o que nem sempre se dá em consonância com o que o adulto pensa, acredita e reconhece como sendo o melhor para eles, sejam pais ou educadores.

Muitas vezes se dá em franca oposição a estes, indicando uma forte necessidade de se discriminar desse outro. Nas crianças pequenas, observamos as famosas crises de teimosia e birra, a criança lutando para fazer valer a sua vontade; nos adolescentes, observamos os enfrentamentos com os adultos como tentativas de saída de um lugar apassivador e de submetimento.

Quem de nós está preparado para tal aventura, intensa e turbulenta – poder acompanhar os percursos que cada sujeito vai traçando para si ao crescer?

Os desafios nas instituições de acolhimento

No trabalho com os Saicas, é fundamental que se trabalhe sobre a concepção de autonomia de cada serviço, pois se trata de uma palavra que, apesar de sempre circular entre os profissionais, segue repleta de mal-entendidos, mostrando uma grande confusão em torno dela.

Se o desafio nas instituições é garantir, no ambiente coletivo, espaço para o singular, o grande risco é que a rotina se sobreponha às necessidades das crianças e dos adolescentes acolhidos. As condições de subjetivação iniciam-se desde muito cedo e dependem das possibilidades de cada criança ser reconhecida com seus traços próprios, sua forma singular de ser e de se relacionar. A criança precisa ter a oportunidade de ser ativa, exercer e ser considerada em seu querer, sendo essa uma das bases da autonomia; ser capaz de lutar pelo que quer e tentar conseguir as coisas usando os recursos e as capacidades que possui.

Apresentamos a seguir uma concepção de autonomia que nos parece interessante e operante com educadores e técnicos de Saicas, pois convoca o adulto a tomar-se como parte do processo de construção de autonomia junto a crianças e adolescentes.

> *... nossa construção de autonomia ... sempre construída nessa dialética entre nós e os outros ... (Onocko Campos & Campos, 2006, p. 672)*
>
> *Não tomamos autonomia como o contrário de dependência, ou como liberdade absoluta. Ao contrário, entendemos autonomia como* a capacidade do sujeito de lidar com sua rede de dependências. ... *O sujeito é sempre co-responsável por sua própria constituição e pela constituição do mundo que o cerca. No entanto, a autonomia depende de condições externas ao sujeito, ainda que ele tenha participado da criação destas circunstâncias. Depende da existência de leis mais ou menos democráticas. (Onocko Campos & Campos, 2006, pp. 670-1, grifo nosso)*

A passividade percebida nos adolescentes dos Saicas e que se expressa como apatia, abstenção do exercício desejante, apagamentos subjetivos, negativismo, será compreendida por nós também como efeito das relações instituídas nos serviços de acolhimento. Quando o que mais se exige de uma criança é da ordem da obediência e do bom comportamento, mais posições passivas – ou agressivas – se manifestam.

Já quando os adolescentes atingem a maioridade e precisam deixar a instituição, revelam muito despreparo, medo e falta de apoio para seguirem sua vida fora do Saica. Os profissionais relatam que, no ano do desacolhimento, ocorrem alterações de comportamento: o jovem "não se levanta na hora", "não quer mais ir à aula", "regride", "se expõe a situações de risco". São formas de comunicar o tamanho da desestabilização e, por que não dizer, do desespero que os atinge com o fim do acolhimento.

Mariana Belluzzi Ferreira (2016), em sua dissertação de mestrado, observa uma tendência *a se atribuir ao adolescente as falhas pelas suas condições na hora da saída do Saica*. No entanto, seu trabalho nos indica que o desacolhimento por maioridade expõe um fracasso que remete ao tempo da permanência na instituição e da necessária inserção na rede territorial e comunitária.

O desalento dos profissionais frente ao desacolhimento de alguns adolescentes por maioridade – junto com certo alívio, em alguns casos – expressa a impotência e o despreparo que sentem no trabalho com os adolescentes no que diz respeito à construção da autonomia. Como seria, então, nas instituições de acolhimento, uma educação para a autonomia?

"Eles não deixam a gente viver como os outros adolescentes vivem"; "Querem prender a gente aqui dentro, mas logo estaremos fora, tendo que enfrentar o mundão, e aí como ficamos?" – falas assim são comuns em adolescentes que vivem nos Saicas e que se comparam com colegas de escola ou do bairro. Queixam-se dos excessivos vigilância e controle no Saica.

Práticas institucionais de excessiva vigilância e monitoramento e práticas disciplinares que impedem o desejo de experimentação próprios do crescimento *não priorizam a autonomia, mas a boa conduta*. Horários rígidos demais e algumas vezes irreais, rotinas inflexíveis, proibições – pouco discutidas e pensadas pelas equipes junto aos adolescentes – geram muitas vezes condutas agressivas. Percebemos, então, que ser agressivo não é algo essencial da criança e do adolescente, sendo a agressividade muitas vezes reativa ao vivido na instituição.

Em algum momento do percurso de crescimento, será necessário que o adolescente se aventure para fora dos muros do já conhecido para viver suas experiências com mais autonomia. Esse lugar desejado, mais além das fronteiras familiares ou institucionais, implica uma busca de pertencimento e reconhecimento de si como membro do grupo social. Se estes movimentos de busca de autonomia são compreendidos pelos adultos apenas como indisciplina ou agressividade, corre-se o risco de não escutar o desejo de independência e emancipação – que não se dá sem certa dose de agressividade. Na adolescência, acolher é muitas vezes poder deixar ir.

> *A agressividade, originariamente, é uma força que busca empurrar para fora algo que tenta impor-se ao sujeito, dominá-lo. É uma tentativa de restabelecer o domínio sobre si. Diferentemente da apatia – que é quando a agressividade volta-se silenciosamente contra o próprio sujeito – a agressividade é uma potência transformadora, é vontade de viver ainda que (ou por causa disso mesmo) correndo riscos. Tão característica da adolescência, a agressividade visa, internamente, a separação do corpo infantil em direção ao corpo adulto (o que só acontece à custa de muitos conflitos) e, externamente, à separação na relação com os pais em direção ao grupo social (grupo, banda, bando, trabalho). (Braga, 2016)*

Do lado dos profissionais, percebemos medo e impotência, falta de repertório para lidar com confrontos e enfrentamentos. Acabam buscando na medicalização e na judicialização dos adolescentes uma tentativa de controle sobre eles, por meio de encaminhamentos psiquiátricos e boletins de ocorrência realizados quando não conseguem mais um manejo da situação.

Perde-se, assim, a possibilidade de reconhecer a potência, a resistência ao apassivamento e os modos de contestação que os adolescentes colocam na cena do acolhimento. Desejo de serem ouvidos que se manifesta na adolescência institucionalizada e que se constitui numa força inestimável e necessária para "enfrentar esse mundão", como dizia um adolescente.

Boas práticas institucionais para o desenvolvimento da autonomia demandam autonomia dentro da própria equipe do serviço de acolhimento. Autonomia para que as equipes possam repensar regras, abrir exceções, fazer apostas de que os adolescentes possam dar conta de algumas experimentações – mesmo sem ter certeza *antes*. Estes posicionamentos precisam ser assumidos coletivamente e nunca individualmente; para tal, é indispensável um espaço permanente de comunicação entre as equipes, para um alinhamento dos saberes construídos no próprio Saica.

Formular algumas estratégias *junto com* os adolescentes pode ser uma maneira de implicá-los nas escolhas e permitir que se responsabilizem por elas. Se o que é oferecido às crianças e aos adolescentes é da ordem da vigilância e do monitoramento, como esperar que daí emerjam sujeitos autônomos e desejantes? São contradições sérias que encontramos no contexto institucional, *entre o que se oferece e o que se espera das crianças e dos adolescentes.*

Nosso trabalho com as equipes do acolhimento institucional é uma aposta de que o tempo vivido na instituição se constitua em tempo de reparação, emancipação e participação; uma reconexão com potências de vida.

Referências

Braga, L. (2016). *Sobre a família-território de origem.* (Palestra).

Di Loreto, O. (2007). *Posições tardias: contribuição ao estudo do segundo ano de vida.* São Paulo: Casa do Psicólogo.

Ferreira, M. B. (2016). *Impasses do desacolhimento institucional por maioridade: psicanálise e articulação de rede territorial.* Dissertação (Mestrado), Pontifícia Universidade Católica, São Paulo.

Onocko Campos, R. T., & Campos, G. W. S. (2006). Co-construção de autonomia: o sujeito em questão. In G. W. S. Campos, M. C. S. Minayo, M. Akerman, M. Drumond Júnior, & Y. M. Carvalho (Orgs.), *Tratado de saúde coletiva* (pp. 669-88). Rio de Janeiro: Hucitec/Fiocruz.

O pai e o acolhimento institucional nos impasses de ser (homem) na vida

Sandra Ungaretti

Este artigo discute as marcas institucionais – família e abrigo – nos impasses vividos por um garoto em acolhimento institucional diante das demandas de ser homem na vida. À família, no mundo ocidental moderno, foi destinado o lugar privilegiado das relações afetivas e, por isso, ela incide de modo específico na constituição do sujeito psíquico e, consequentemente, no seu modo de inserção na vida social.

Os estudos clássicos de Bowlby (1981), Spitz (1979) e Winnicott (1987) ressaltam o enorme prejuízo para o desenvolvimento afetivo e, em decorrência, físico, psíquico e social da criança quando a família não dispõe de recursos necessários para a criação de seus filhos. Em geral, tendo o modelo familiar como referência, esses estudos embasam as discussões sobre os insucessos da instituição de cuidados alternativos à família na criação das crianças ou os parâmetros para o seu funcionamento.

Guirado (2004), em sua pesquisa em instituições totais como a Fundação Estadual para o Bem-Estar do Menor (Febem), pergunta-se sobre a afetividade nessas instituições, buscando situá-la no âmbito das relações que se estabelecem com a criança ou o adolescente internado, no conjunto das práticas institucionais. Esse estudo destaca que à entrada da criança nessa instituição correspondia a interrupção dos laços com as figuras primeiras, as quais ficavam perdidas no espaço, apagadas na memória, mas deixavam sua marca no abandono a que os internos se viam compelidos ao discurso da instituição. Para o interno abandonado da Febem, a instituição era o substituto da singularidade e da vida, tratava-se de relações que traziam não sujeitos *marcados* pela ordem institucional, mas que se reconheciam sujeitos apenas ao *ser* essa ordem.

O Estatuto da Criança e do Adolescente (ECA) (Brasil, 1990) introduz novos princípios e diretrizes que levam a outra organização do atendimento a crianças e adolescentes que não podem viver com suas famílias. A declaração do direito de convivência familiar e comunitária é um marco que tem influenciado significativamente o ordenamento dos programas de acolhimento institucional.

Em pesquisas recentes em instituições de acolhimento (Pineda, 2012; Ungaretti, 2013), observa-se a presença da família nas falas de crianças e adolescentes que vivem ali, apontando para importante alteração nas pautas das relações institucionais que pode favorecer modos de subjetivação que escapem da onipresença do discurso da instituição.

No entanto, essa condição dos acolhidos exige dos profissionais que lidam com eles posicionamentos e manejos que possam responder às demandas que esses meninos e essas meninas lhes enviam: a de elaborar sua história familiar e construir narrativas sobre ela; a de lidar com as frustrações decorrentes de não poder viver com a família, das desordens provocadas pelas visitas dos familiares ou das que fazem à casa da família. Ainda, que possam suportar as consequências da história da criança vivida antes do acolhimento, mas também ter a capacidade de historiar a vida dela naquelas relações institucionais. Além disso, que possam lidar com os ataques da criança à autoridade que exercem – "você não é meu pai", "na minha casa não é assim" – e sustentar o lugar de referência que frequentemente lhes é endereçado.

Para pensar sobre essas demandas e as possibilidades de os trabalhadores dos abrigos responderem a elas, será tomada como base uma pesquisa (Ungaretti, 2013) realizada em uma instituição de acolhimento. Ela foi proposta como estudo de caso e organizou-se em torno de um garoto de 14 anos. Foram analisadas entrevistas com aqueles que sabiam do menino ou lidavam diretamente com ele, além do discurso dele próprio e de seu pai, com o objetivo de traçar os lugares atribuídos e assumidos por aqueles que faziam essa instituição, bem como seus efeitos na constituição de suas subjetividades.

De forma surpreendente, as análises desenharam o garoto, seu pai e o psicólogo do abrigo nas relações entre si. Para os fins deste capítulo, serão apresentadas a singularidade e uma das necessidades de atendimento configuradas pela análise da entrevista do garoto, a de ser (homem) na vida. Em seguida, essa necessidade de atendimento será tratada no interjogo com as entrevistas do pai e do psicólogo do abrigo, para pensar-se a possibilidade de ela ser atendida naquelas práticas institucionais, e também para contribuir para a construção de estratégias de intervenção que possam responder ao que crianças e adolescentes em acolhimento necessitam.

Fernando[1]

Fernando marcou forte presença na relação com a entrevistadora, por exemplo: indicou o dia e a hora para a realização da entrevista;

1 Este nome e os próximos que aparecerão nas entrevistas são fictícios.

quis saber da pesquisa antes de autorizar o uso do gravador; tinha sempre uma máxima para dizer: "amigo é um só", "nem de todo mundo você deve gostar".

Foi colocado por todos os que lidam com ele cotidianamente como uma presença que não passa despercebida. Quer como um perigo, quer como um osso duro de roer, ou ainda como talentoso e detentor de grande potencialidade, Fernando, tecido nos discursos da virtuosidade e da transgressão, surgiu, invariavelmente, como grande força e resistência. Em sua entrevista, apresentou-se com nome e sobrenome mais o carimbo institucional: "O meu nome é Fernando Testa Silva, tenho 14 anos, moro na Org, sou abrigado".

Esse trecho já deixa entrever as marcas institucionais – família e abrigo – na constituição de sua subjetividade. Destaca-se também a referência à Org[2] como sua moradia. A altivez com que pronunciou seu nome não revelara as tensões que o nome porta.

O falecimento de sua mãe, quando ele tinha 5 anos, rompeu com a normalidade de sua vida, quando foi acolhido. As lembranças do período em que vivia com a família foram difíceis de manejar. Entre Fernando e as lembranças fugidias travou-se uma batalha que só encontrou trégua na fixação da lembrança de sua primeira mochila, eternizando nela o amor entre Fernando e sua mãe. Quando lhe foi perguntado como era a sua vida antes de ir para o abrigo, ele respondeu: "Eu não me lembro. E eu vou lembrar de coisas que [aconteceram] há oito anos? Há dez, há dez não, há nove. Não dá para lembrar. Não dá para lembrar de nada. Dá para lembrar... não dá para lembrar. Nossa vida, eu acho que era normal. Só lembro da minha primeira mochila, foi a do Pokémon. Ganhei da minha mãe. Gostei sempre mais da minha mãe... sempre... minha mãe sempre gostou de mim".

---

2 Nome fictício do serviço de acolhimento institucional no qual o garoto estava.

A mãe ficou plasmada na imagem de amor eterno, enquanto o pai esteve presente ao longo de toda a entrevista em imagens nem sempre conciliáveis. Dois extratos ilustram o que se quer dizer. Quando Fernando falava sobre o seu nome, fez referência ao fato de seu pai não o ter registrado: "O meu pai nem me registrou. Se eu morrer ele não vai ter direito a nada". Fernando expressou sua revolta com o pai por este lhe ter negado seu registro e, imaginariamente, se vingou, invertendo a lógica natural das transmissões. No entanto, ao contar sobre o que fazia no abrigo, deixou ver a marca do pai em outro registro. Ele disse: "Eu arrumo porta, arrumo cama . . . eu arrumo até a bicicleta deles. Ah, eu faço de tudo um pouco. Foi meu pai que me ensinou". Nessas falas vê-se um forte laço de filiação.

Outros trechos da entrevista deixaram apreender as expectativas de Fernando em relação ao pai e a si. Ao período imediatamente após a morte de sua mãe, ele conferiu as cores de um tempo fantástico e assombroso, repleto de perigos que enfrentou heroicamente, em aliança com seu pai. Em sua narrativa observa-se essa aliança: inicialmente, ele conferia ao pai recursos de alguém que podia protegê-lo, mas sempre há um deslizamento desses recursos para si mesmo, de modo que ao final é Fernando quem empreende as ações para se colocar em segurança: "Para o meu pai não querer que mais um filho fique drogado, eu fui para o abrigo". Ou então quando falou sobre um dos abrigos pelo qual passara: "Tinha cara que era pedófilo, eu falava para o meu pai e o meu pai pedia para o juiz mudar, senão eu ia ser vítima de pedofilia . . . Aí meu pai pediu a transferência, senão ele ia me roubar de lá. Aí eu fugi. Fui para a casa do meu pai. Aí depois eu voltei para lá, arrumei minhas coisas e vim para cá". O pai quer que ele vá para um abrigo, e Fernando empreende a ação – "eu fui". O pai falou com o juiz, pediu a transferência de abrigo, mas Fernando fugiu e foi para o abrigo em que estava naquela ocasião. Interessante ainda indicar que, em sua fala, o juiz é reconhecido com o poder, acima do pai e dele.

Foi-lhe apontado o quanto ele contava com seu pai e Fernando respondeu: "Só que eu... eu sempre estava sozinho". Análises como essas desenharam Fernando, herói solitário.

Quando se referiu ao pai no presente, o colocou sem condições de conter e sustentar a relação entre os dois: "O meu pai não tem condições de cuidar da gente. Às vezes ele vem, às vezes não. Ele não tem casa. Ele não tem nem emprego registrado".

Ao falar de seu futuro, Fernando disse de uma necessidade de bloquear sua imaginação e seu sonho, e colocou seu pai como o motivo disso por sua característica de não se comprometer com o que diz: "Não dá para olhar para o futuro. Não gosto de ficar sonhando, imaginando coisas. Porque o meu pai imagina coisas demais e nunca faz. Ele fala que vai fazer uma coisa e não faz. Fala... fica falando. Por isso que eu não fico imaginando coisas. Só quando eu tenho certeza mesmo que eu falo".

Fernando põe o pai como principal artífice do impasse que se criou com relação ao seu futuro ao se tornar homem. Ele não pode projetar-se num futuro para não ser como o seu pai. Ao mesmo tempo, mirou o psicólogo do abrigo como sua referência: "Com o Ronaldo é diferente, é relação de homem para homem: você tem que dar a sua palavra, dizendo que vai fazer aquilo e tem que fazer. Isso é assunto de homem para homem, e fala de coisas reais, a gente não fica inventando coisas, que o meu pai vai buscar, o meu pai não vai buscar mesmo, por que a gente vai ficar pensando nisso? Por isso que eu converso com ele de homem para homem, eu não fico imaginando coisas".

A relação com o psicólogo é concebida como antítese da dele com o pai. Com o psicólogo, a relação é de homem para homem, enquanto a com seu pai, não. Na relação com o psicólogo, configuram-se duas injunções: você deve ser homem e você não deve ser como o seu pai. Para tornar-se homem, Fernando teria de bloquear o seu sonho de moleque, o de que seu pai viria buscá-lo, bem como rechaçar o que seu pai é: ele não seria homem porque não cumpre o que promete.

Quais as possibilidades de o pai e o psicólogo do abrigo responderem às demandas que Fernando lhes endereça? Buscaremos responder a esse questionamento na articulação deste disparador de análise – sua relação com o tornar-se homem – com as entrevistas com o pai e com o psicólogo do serviço de acolhimento.

Articulação com a entrevista com o pai

Na relação com a entrevistadora, o pai foi se perfilando como alguém que sabe aonde chegar, que determina a distância que a entrevistadora deve manter; ele conduz, não se deixa levar. O pai desmarcou a primeira entrevista e não se pôs a justificar-se; ateve-se firmemente à data que ofereceu para a entrevista contra a minha insistência em antecipar o encontro. Ele fez várias perguntas sobre a pesquisa e a Universidade de São Paulo (USP). Impossível não comentar a forte impressão que me causou a semelhança de postura entre Fernando e seu pai na relação comigo, uma pessoa que lhes é estranha.

Posicionamento semelhante entre os dois também surgiu nas *máximas* proferidas. Por exemplo, quando ele falava sobre o que Fernando aprendeu no abrigo: "Ele aprendeu muitas coisas diferentes. E comigo, eu tinha certeza que não ia ter essas condições de aprender isso aí". O pai não dá o direito de duvidar dele, ele tem certeza de que foi melhor para o seu filho ir para o abrigo.

Quando foi pedido ao pai que se apresentasse, ele respondeu descrevendo o percurso que fez desde sua saída da Bahia até sua chegada a São Paulo. As inúmeras referências ao fato de estar só levou à imagem de um viajante solitário.

Ao falar da família, o pai se via com recursos para a criação de seus filhos quando a mãe de Fernando estava viva. Como na entrevista com o filho, o falecimento da mãe de Fernando rompeu com a normalidade da vida e criou-se uma incompatibilidade entre a sua vida e a vida com seus filhos: ou ele cuidava de sua vida e seus filhos ficavam sozinhos, ou cuidava dos filhos e ficava preso. Nessa tensão, o movimento levou ao acolhimento dos filhos. Ainda assim, o pai se via como alguém que podia fazer algo pelo filho ao identificar o sofrimento dele em um abrigo. Viu-se anteriormente que essas ideias correspondem ao que surgiu na entrevista com Fernando.

O pai descreveu um diálogo com o filho em que este lhe teria pedido que o levasse embora do abrigo. O pai posicionou-se diretamente como alguém que não tinha condições de levá-lo e lhe fez uma proposta. Fernando ficaria no abrigo durante a semana e o pai o buscaria aos finais de semana. Mas, nisso o pai identificou sua falha: nem todos os finais de semana ele buscou o filho. Desenhou-se neste trecho da entrevista a figura do pai que não se compromete com o que diz. Como apontado anteriormente, na fala de Fernando essa imagem é central no impasse criado quanto ao tornar-se homem.

Articulação com a entrevista com o psicólogo

Para o psicólogo do abrigo, sem o pai, Fernando ficou sem referência. Ele não se via como referência para o garoto nem se dava conta de que este o tinha como referência.

Lembremos que, para Fernando, a relação com o psicólogo é uma relação de homem para homem. Mas esse agente apresentou uma insuficiência em acompanhá-lo nas questões que tem diante da vida. Ao contar sobre uma conversa entre eles, na qual Fernando lhe falava de sexo, o psicólogo encerrou sua narração dizendo: "Então entra no mundo da criança, e não tem o que fazer". Dois aspectos chamam a atenção: primeiro, o agente não ver o que fazer; segundo, o deslocamento do lugar de Fernando, que, de homem, passa a criança.

Mais um ponto a ser ressaltado é que, no discurso de Fernando, um dos mandados que definem essa relação é falar de coisas reais, e o exemplifica dizendo que não é para imaginar que seu pai vai tirá-lo do abrigo. Desse modo, a conversa vai se fazendo dificultosa. O psicólogo não se vê capaz de sustentar a conversa de homem, e Fernando se vê impedido de falar de seu sonho de moleque.

Uma ação muito citada pelo psicólogo em relação a Fernando é ouvi-lo, mas não identifica nesse seu fazer ocasião para um trabalho de psicólogo. Para esse agente, a instituição-abrigo não teria condições de atender às necessidades que ele identifica em Fernando. Estas seriam atendidas em relações mais próximas às familiares, e não nas que se fazem no contexto de acolhimento.

Fernando, em sua entrevista, se referiu à Org como sua moradia. Essa referência surgiu já em sua apresentação: "eu moro na Org". Também assim se refere ao abrigo quando marca a posição de que, se está lá, é porque escolheu: "me dou bem com todo mundo aqui, por isso que eu moro aqui". No conjunto da entrevista com Fernando, esse enunciado é bastante significativo, uma vez que, nas cenas em que se põe na posição de herói, ele luta para conquistar sua transferência de abrigo, contra as más condições em que se via nos demais abrigos pelos quais passara.

Articulação das entrevistas dos agentes com a do pai

Nas entrevistas com os agentes institucionais, sem exceção, o pai foi apresentado em sua negatividade: suas carências e seus desvios. Tamanha é ela que, no discurso de uma das educadoras, há uma recusa em colocá-lo em palavras.

O psicólogo, em seu discurso, fez inúmeras referências ao pai faltoso, ao mesmo tempo que se posicionou como saber e verdade, de visível viés moral, definindo uma relação complementar, ponto a ponto. Surgiu também um desenrolar das ações voltadas para o pai que não surtem efeito por ele ser "refratário". "Esse" pai, que até em sua negligência é "meia-boca", foi posto também como responsável pelo fracasso do trabalho do agente/Org.

O psicólogo passou a falar das mazelas do pai quando indagado sobre o futuro de Fernando: ele não teria futuro com o pai. Esse agente, como o próprio Fernando, colocou o pai como impeditivo para o futuro do menino.

Muitos desses posicionamentos do pai na entrevista com o psicólogo articulam-se às imagens do pai em sua entrevista. Destacaremos alguns deles.

Nas falas do psicólogo, o pai foi posto como refratário por sua característica de não pedir nem aceitar ajuda. Na entrevista com o pai, ele se pôs como viajante solitário e como quem decide e conduz a própria vida. Ele não se vê como alguém que precisa de ajuda e de orientação. Nessa inter-relação, o agente sente-se frustrado, uma vez que se vê como quem sabe das necessidades do pai e sabe o que fazer a esse respeito: encaminhar e orientar. Portanto, nada mais avesso ao viajante solitário que as intervenções do agente.

O psicólogo, como Fernando, concebe o pai como alguém que não se compromete com o que diz. Essa imagem também é desenhada na fala do pai.

Na inter-relação agente-pai, o extenso e intenso trabalho do agente com o pai reproduz a apropriação deste do discurso institucional: o pai fraco, inconstante, com faltas e falhas e, seu complementar, a Org do bem e da excelência. A incompatibilidade de sua vida com os filhos e o seu reconhecimento da falta de condição, somados à excelência da instituição, produzem uma "certeza" de que fez o melhor para o seu filho.

E quanto a Fernando? O que nele produzem as verdades, sob o crivo moral, dos agentes sobre seu pai? Nas falas em que Fernando se refere expressamente às faltas de seu pai, identificamos a voz da instituição, como uma colagem nas falas do garoto. Quando Fernando nos conta uma história, ele conta como o pai o resgatou. Ele traz essa imagem do pai na lembrança, a lembrança do que o pai fez por ele, ainda que arraste as marcas de seus ressentimentos e de sua desconfiança de que está só. Fernando guarda, ainda, o traço tão significativo em sua postura na relação com a vida, com o desafio.

O discurso institucional sobre o pai não tirou o pai de Fernando. Ao contrário, imprimiu uma força que decalca nele o pai. Heróis, viajantes, pai e filho se põem solitários... e solitários se salvam. É a marca deles, é o selo do vínculo pai-filho.

Considerações finais

O recorte apresentado aqui procurou evidenciar, na singularidade de um caso, as marcas institucionais – família e abrigo – no cerne conflitivo vivido por um garoto em acolhimento institucional em sua jornada rumo ao tornar-se homem, no impasse entre abandonar seu sonho de criança e se projetar adulto.

Por essa razão, o termo "homem" foi colocado em suspenso por parênteses, indicando que as questões ora discutidas não se relacionavam com questões de gênero ou de escolha de objeto, embora, na singularidade discursiva do garoto, ser na vida estivesse intrinsecamente relacionado com ser homem, com a imagem de si como alguém confiável.

Como vimos, o pai reconhece no abrigo o melhor lugar para o filho. Fernando não o destitui de seu posto de pai e, ao mesmo tempo, concebe a Org como sua moradia e o psicólogo do abrigo como sua referência de homem. O psicólogo coloca-se como interlocutor de Fernando, mas não identifica nesse fazer uma referência para o garoto nem um trabalho psicológico.

Assiste-se a um rebatimento constante, de uns a outros, no posto de referência em que Fernando, em princípio, os coloca. Uma busca em que Fernando mira um, que mira outro, que mira novamente para fora da relação com ele no atendimento às suas demandas de ser (homem) na vida.

É importante trazer, ainda que fora dos objetivos desta discussão, que ao longo de toda a entrevista com Fernando configurou-se, num outro plano de análise, a questão que não quer calar: "meu pai me ama?". Uma demanda de amor dirigida ao pai.

Sua família figurou como tema fundamental. A mãe restou como lembrança de amor eterno, enquanto o pai tornou-se uma busca que não sossega nem se supera.

Referências

Bowlby, J. (1981). *Cuidado materno e saúde mental.* São Paulo: Martins Fontes.

Brasil. (1990). Lei Federal n. 8.069, de 13 de julho de 1990. Dispõe sobre o Estatuto da Criança e do Adolescente. *Diário Oficial da União*, Brasília.

Guirado, M. (2004). *Instituições e relações afetivas: o vínculo com o abandono*. 2a. ed. São Paulo: Casa do Psicólogo.

Pineda, D. (2012). *Acolhimento institucional e modos de subjetivação.* Dissertação (Mestrado em Psicologia). Instituto de Psicologia, Universidade de São Paulo, São Paulo.

Spitz, R. (1979). *O primeiro ano de vida*. São Paulo: Martins Fontes.

Ungaretti, S. (2013). *Fernando: uma analítica da subjetividade desenhada nos discursos de si e de outros num contexto de abrigo.* Dissertação (Mestrado em Psicologia). Instituto de Psicologia, Universidade de São Paulo, São Paulo.

Winnicott, D. W. (1987). *Privação e delinquência*. São Paulo: Martins Fontes.

Instalações clínicas: direito ao território e estratégias de cuidado

Marília Franco e Silva Velano

Silvia Lopes de Menezes

Sem lugar ou a ruptura com o território

Desde 1996, o então denominado Grupo Acesso atende a crianças e adolescentes separados da sua família de origem, que vivem com famílias substitutas ou em instituições de acolhimento. Trata-se de rupturas muitas vezes precoces e violentas, que deixam marcas estruturantes na vida psíquica desses sujeitos. Com o objetivo de romper esses ciclos de violência, que tendem a se repetir em outros vínculos familiares ou institucionais, o agora chamado Núcleo Acesso se estruturou em diversos dispositivos que tentam dar acolhimento e sentido para essas experiências disruptivas de acordo com a necessidade de cada sujeito. Orientando-nos pelas linhas de ação do estudo, da pesquisa e da intervenção, apresentamos soluções clínicas criativas que colocam a psicanálise a serviço da vida contemporânea, no espírito do que nos conclama Green (2008) quando afirma que "[e]la não poderá sobreviver se não responder às preocupações de nosso tempo" (p. 265).

Assim, em 2019, atentos à importância da inclusão de território como uma noção fundamental na compreensão de nossa clínica – o qual, como a família, pode ser objeto de rupturas ou até, em alguns casos, um espaço que sequer chega a ser constituído –, ampliamos nossas intervenções para alcançar sujeitos que vivem ou viveram importantes experiências de desterritorialização. A noção de território, que vem originalmente dos campos da etologia e da geografia, foi apropriada pelos estudos da saúde e marcou decisivamente a história da reforma psiquiátrica no Brasil, no que diz respeito à saúde mental. Trata-se, neste caso, de uma ruptura que fundamentou o processo de desinstitucionalização da loucura, a partir das premissas da reforma psiquiátrica italiana iniciada por Franco Basaglia.

Para Amarante (1994), trata-se não só de uma ruptura em relação à psiquiatria tradicional como dispositivo de alienação, mas de uma nova psiquiatria como dispositivo de saúde mental. Além disso, observa-se também a descontinuidade em níveis práticos e teóricos. Nesse sentido, não se trata somente de uma ruptura com o modelo asilar em termos físicos, uma desospitalização, mas de uma crítica profunda aos paradigmas que sustentavam essa prática.

A noção de território compreende não só o limite geográfico de determinado espaço, mas tudo que o compõe: sua força, suas fragilidades, suas contradições, que requerem uma singularização das ações de saúde ali incidentes. Talvez não seja preciso irmos tão longe; é na própria raiz dessa noção, antes de sua apropriação sociopolítica pelas ciências humanas, que encontramos o sentido que nos toca particularmente no projeto de nossas instalações clínicas. Segundo Haesbaert (1997), a noção de território nasce com uma dupla conotação, material e simbólica, "dado que etimologicamente aparece muito próximo de *terra-territorium* quanto de *terreo-territor* (terror, aterrorizar)". Gondim & Monken (2009) destacam a relação intrínseca entre a dominação jurídico-política da terra e a inspiração do medo, do terror, identificando uma relação contraposta entre aqueles que, subjugados à dominação, se tornam expropriados do território e aqueles que possuem o privilégio de usufruir dele e se tornam proprietários.

No Brasil, acompanhamos a emergência de diversos movimentos sociais que buscam a garantia do direito ao território, movimentos em luta por moradia ou terra, por meio da reforma agrária. O projeto dessas instalações clínicas tem por objetivo acolher e escutar os sujeitos – sejam adultos, crianças, adolescentes ou famílias – que estão de algum modo vinculados a esses movimentos de luta por moradia ou terra. Em 2020, o projeto, que teve início com o acolhimento de militantes do Movimento dos Trabalhadores Sem Teto (MTST) da cidade de São Paulo por meio de parceria com o Núcleo de Estudos e Trabalhos Terapêuticos (nett), ampliou sua abrangência para outros movimentos sociais com pautas similares, tanto com mediação do nett, como no caso do movimento Amazônia Centro do Mundo, de Altamira (PA), quanto diretamente, como no caso da Rede de Saúde Mental do Movimento Sem Terra (MST), já que entendemos que se trata de uma questão diante da qual, sobretudo no Brasil, a psicanálise não deve retroceder.

A construção do monstro desabrigado

Foucault (1974-1975/2002) analisa as figuras da anomalia a partir da noção jurídica de monstro como uma forma de existência que viola as leis da sociedade e da natureza, como aquilo que "combina o impossível com o proibido" (p. 70). O monstro é, para ele, a figura que melhor representa a noção de anomalia, aquela a partir da qual se extrai uma inteligibilidade de todas as outras formas de desvio, irregularidade e contravenção: monstro sexual, monstro moral e monstro político. A ideia da construção de um monstro seria, então, codificar um perigo social como doença e intervir a partir desse saber, que se constitui, ao mesmo tempo, como uma forma de poder e intervenção.

Aprendemos com Foucault que as figuras da monstruosidade ganham diferentes roupagens ao longo da história e entendemos que o militante em luta por moradia ou terra torna-se, no mundo contemporâneo, um alvo fácil desta captura político-ideológica. As inúmeras tentativas de criminalização dos movimentos sociais, bem como as violentas e absurdas intervenções policiais em moradias ou assentamentos, testemunham a construção social deste novo "monstro" e produz certamente efeitos sobre sua constituição subjetiva e suas formas de ser e sofrer. Estamos chamando de "monstro desabrigado" aquele que nos confronta diretamente com a falência da ideia de propriedade, pilar da estrutura neoliberal das nossas formas de produção e exploração do trabalho. O sujeito desabrigado é uma ameaça social porque denuncia que uma parte significativa da população fica de fora das condições de sobrevivência e, ao mesmo tempo, se torna o exemplar do perigo a que todos estão expostos, caso não encontrem conformidade com o sistema de exploração do trabalho.

Assim, nosso trabalho no projeto de instalações clínicas consiste na escuta de sujeitos e famílias que, apesar disso, encontraram, neste deserto urbano e rural, a possibilidade de inscrever um lugar de pertencimento no território por meio da militância nos movimentos sociais. Falamos da pequena Maria, que se apresenta "Prazer, Maria! Eu sou uma sem tetinho", ou da Ana, que só por meio do movimento pela moradia encontrou uma forma de reconhecimento, um rosto próprio. Entendemos que são sujeitos que, de modo muito singular, estão atravessados por uma questão estrutural comum: a ausência quase completa do Estado, promotora de formas de indignidade humana e sofrimentos que, do ponto de vista psíquico, manifestam-se como agonias impensáveis e ameaças de aniquilação do ser. Apresentam, dessa maneira, formas narcísico-identitárias de sofrimento decorrentes de falhas de estruturação do eu que são, em grande medida, alicerçadas no território, no espaço, no mundo geográfico, topográfico e cultural em que vivemos.

As instalações clínicas

As instalações, na história recente da arte ocidental, estão relacionadas a uma modalidade de colocar a produção artística no espaço por meio dos elementos variados que a compõem. Podendo ser montadas e desmontadas, permanentes ou transitórias, as instalações aproximam o espectador da obra, levando-o a conhecer uma perspectiva própria desta e colocando-o como protagonista da experiência estética por meio dos recursos que lhe estão disponíveis.

Tomando emprestado o valor heurístico do conceito de instalação em arte, as nossas instalações clínicas são criadas a partir da singularização do enquadre dos sujeitos que escutamos. O território explodido, expropriado desses sujeitos, configurou um enquadre que poderíamos denominar utópico, no sentido de que ele não está aterrado a um espaço específico, mas se realiza onde é possível, ainda que esta possibilidade exista no atendimento por telefone, mensagem de texto, de vídeo ou no campo, como acontece nos acampamentos do MST, para onde vão nossos analistas para atendimento local. A tentativa fracassada de oferecer um enquadre nos moldes tradicionais – sala de consulta, hora marcada, deslocamento até um local determinado – impôs a construção de um enquadre que subvertesse, justamente, a lógica da territorialidade e que estivesse à altura das questões enfrentadas pelos sujeitos que escutamos.

Esse atendimento conta também com um trabalho matricial de construção de um circuito de cuidado junto à rede pública de saúde e assistência social, quando elas estão presentes e se fazem necessárias, bem como com outros atores da cena comunitária local: escolas, igrejas, centros de convivência e os próprios movimentos sociais. Também entre nós se estabelece, então, uma rede: a construção do caso e a direção do cuidado são elaboradas em grupos de supervisão e discussão no formato de reuniões clínicas de equipe semanais. Afinal, nossas instalações clínicas não se constituem pura e simplesmente como intervenções no espaço, mas como criações com a clara intencionalidade de dar lugar.

Ao se debruçar sobre o fenômeno do que chamou de "psicanálise *on line*", fomentado pela recente pandemia de covid-19, Jô Gondar (2020) recoloca uma provocação importante de Ferenczi, quase um século atrás. Segundo ela, ao fazer com que mesmo analistas recalcitrantes fossem levados a realizar tratamentos online, a quarentena imposta pela pandemia fez com que muitos acabassem admitindo o que Ferenczi – aquele a quem André Green chama de o pai da psicanálise contemporânea – já nos havia convocado a enxergar: "quem recebemos em tratamento não é apenas um sujeito, mas um sujeito e sua circunstância; se não a levamos em conta, não poderemos tratá-lo" (Green, 2008, p. 38).

De fato, o conhecido texto de Ferenczi "A elasticidade da técnica psicanalítica" (1928/2011a) – apresentado inicialmente em conferência na Sociedade Húngara de Psicanálise – é de grande potência no que diz respeito à abertura para que os analistas ampliem o uso da psicanálise como método, e não como técnica enrijecida. Ferenczi diz que adquiriu a convicção de que saber quando e como se comunica alguma coisa ao analisando ou de que forma a comunicação deve ser apresentada etc. se trata, antes de tudo, de uma questão de tato psicológico, da faculdade de "sentir com" (p. 31). Ao mesmo tempo, aponta que a confiança em nossas teorias deve ser apenas uma confiança condicional, pois, num dado caso, talvez se trate da famosa exceção à regra ou mesmo da necessidade de modificar alguma coisa na teoria em vigor até então. Pouco depois, acrescenta ainda, com destaque: "a modéstia do analista não é, portanto, uma atitude aprendida, mas a expressão da aceitação dos limites do nosso saber" (p. 36). A proposta das instalações clínicas veio justamente da aceitação de nossos limites para e no encontro com pessoas que vivem tão radicalmente experiências de desterritorialização.

Diante desses limites do nosso saber, não nos restou alternativa senão apelar ao que Ferenczi (1928/2011a) denominou então "a elasticidade da técnica". Em suas palavras, "é necessário, como uma tira elástica, ceder às tendências do paciente mas sem abandonar a tração na direção de suas próprias opiniões, enquanto a falta de consistência de uma ou outra dessas posições não estiver plenamente provada" (pp. 36-37). Ora, a imagem cunhada tem caráter dinâmico, e não estático. Ferenczi nos convida, então, a uma construção permanente do trabalho analítico, que, neste projeto, aparece muito fortemente na construção coletiva do enquadre, em diálogo entre analista e equipe, e, principalmente, em uma construção que considera, a cada semana, os efeitos que a presença do analista e do sujeito na instalação clínica provocou no movimento de nossa tira elástica.

Ainda no mesmo texto, Ferenczi faz outra importante advertência: "Devo sublinhar uma vez mais que só uma verdadeira posição de 'sentir com' pode ajudar-nos; os pacientes perspicazes não tardam em desmascarar toda pose fabricada" (p. 37). De fato, um dos desafios que temos encontrado é justamente trabalhar conjuntamente na (re)construção das instalações clínicas de forma autêntica, porém sem que o analista deixe de se sentir autor da obra. Instalações artificialmente concebidas e montadas não terão a potência analítica que buscamos.

Além disso, tratando do trabalho psíquico realizado pelo analista, Ferenczi admite que este é complicado e se refere, especificamente, a como o analista, ao mesmo tempo, se deixa agir sobre as associações livres do paciente e se deixa brincar com sua própria imaginação. Sinaliza, porém, que isso se dá "sem negligenciar por um instante sequer o exame e a crítica de suas próprias tendências" (p. 37) e, a seguir, que "quase poderíamos falar de uma oscilação perpétua entre 'sentir com', auto-observação e atividade de julgamento" (p. 38).

Não se trata, então, apenas de empatia. Não basta ter empatia. Neste projeto, somos todos movidos, de diferentes formas, pela empatia com aqueles que experimentam a negligência e a violência do Estado em seus corpos a ponto de desterritorializá-los e de serem chamados à luta por um lugar, por terra, por moradia. Estamos, entretanto, diante de um grande desafio no que diz respeito à possibilidade de auto-observação no encontro com suas angústias e até mesmo em nossa capacidade de julgamento, já que, muitas vezes, nos faltam elementos de conhecimento da realidade que se impõe sobre essas pessoas.

Nesse sentido, o trabalho em grupo entre nós tem se mostrado potente tanto para a sustentação da experiência particular de cada analista em cada dupla analítica, quanto para que possamos alargar a capacidade de julgamento não só em relação ao conteúdo de cada encontro – a que se referia Ferenczi –, mas também para que possamos nos debruçar sobre a elasticidade da técnica, as tensões surgidas e as possíveis mudanças de enquadre a favor do trabalho analítico, em uma instalação clínica que é (re)concebida enquanto durar a exposição.

Não é à toa que Ferenczi, em seu "Análise de crianças com adultos" (1931/2011b), parece nos convocar não apenas a fazer uso de percepção e da sensibilidade ampliadas, mas a ousar modificar a técnica, quando afirma que

> *[u]ma espécie de fé fanática nas possibilidades de êxito da psicologia da profundidade fez-me considerar os eventuais fracassos menos como consequência de uma 'incurabilidade' do que da nossa própria inépcia, hipótese que me levou necessariamente a modificar a técnica nos casos difíceis em que era impossível obter êxito com a técnica habitual. (p. 81)*

Nesse sentido, Gondar (2020) faz um apontamento importante ao discutir o cansaço do analista no que ela denomina "sessões virtuais". Essa reclamação frequente dos analistas estaria relacionada, segundo ela, a um grande esforço para manter os mesmos parâmetros que eram utilizados presencialmente. Não seriam esses parâmetros também da técnica, do enquadre, para além da percepção e da sensibilidade? De qualquer forma, a reflexão que a psicanalista faz a respeito disso dialoga com o processo de construção de nossas instalações clínicas:

> *Nas análises on line não se perde a presença, e sim um certo modo de presença. Se nos pautamos pelo atendimento presencial e tentamos repetir esse modelo, naturalmente vamos ter que fazer mais esforço e, em consequência, ficaremos mais cansados. Poderíamos, em vez disso, trabalhar com essa nova forma de presença que se manifesta através da voz, do olhar e do território compartilhado. (p. 41)*

O que são as instalações clínicas se não uma nova forma de presença do analista, além de uma nova forma de presença da instituição? No início deste projeto, aguardávamos por encaminhamentos de pessoas que se deslocariam geograficamente para atendimento no espaço físico do Instituto Sedes Sapientiae. Aguardávamos. E, muito antes da chegada da pandemia, já nos tínhamos dado conta da imensa dificuldade de que aquele pudesse ser um território compartilhado entre nós. Passamos, então, à construção dessas instalações clínicas, na tentativa de promover a criação de um espaço que pudéssemos oferecer aos sujeitos enquanto a sociedade não lhes pode oferecer um espaço onde morar, onde viver. Este trabalho vem nos mostrando cotidianamente a importância de refletir sobre o espaço e sobre o território na análise.

Lancemos o olhar sobre o que nos diz Gondar (2020), tratando ainda dos atendimentos realizados nesta pandemia:

> *É um aspecto relevante sobre o qual não parávamos para pensar: ter um consultório numa cidade grande e engarrafada como o Rio de Janeiro exige que o paciente se desloque pela cidade durante quase uma hora para entrar no território de seu analista, com suas regras, sua disposição de móveis, seu ambiente. Com alguns pacientes, essa relação ganhou uma intimidade que não possuía antes. E porque agora podem falar com o analista desde a intimidade de seu próprio quarto, certos pacientes se sentem capazes de dizer coisas que, em presença, e dentro de outro território físico, não falariam. (p. 43)*

A autora trata aqui de uma realidade comum na clínica de muitos analistas e que, em sua visão, já operou consideráveis mudanças no curso das análises hoje conduzidas remotamente, apesar das dificuldades em relação ao silêncio nas sessões, ao olhar no olho, a uma empatia sem corpo físico. Mas, no caso das pessoas atendidas neste projeto, esse deslocamento é levado a um extremo, atingindo outras proporções: por um lado, se locomover de onde estão à instituição onde o analista está pode levar horas e envolver um investimento financeiro, ainda que em transporte público, impossível naquelas circunstâncias; por outro, são importantes também as dificuldades para que possa haver qualquer intimidade, já que, em geral, não há o "seu próprio quarto", mas uma experiência absolutamente diferente de pertencimento ao lugar de onde se comunicará com o analista.

Nesta clínica, é este, então, um de nossos maiores desafios: procurar reconhecer, a cada momento, em que lugar é possível para aquela pessoa assegurar um espaço de intimidade. As instalações clínicas são, portanto, uma construção singular para cada sujeito: para uns, chamadas de vídeo com horário agendado e duração determinada (mais próximo do que tantos analistas têm feito agora em tempos de pandemia e do que seria recebê-los em nosso consultório ou em nossa instituição); para outros, chamadas apenas com áudio, troca de áudios ou vídeos, troca de textos com pontuais inserções de imagens e vídeos etc. E são construções concebidas e sustentadas coletivamente, em equipe, e flexíveis a mudanças durante todo o processo, de acordo com o olhar lançado sobre elas em reunião clínica, atento às tensões presentes nesta técnica e em sua elasticidade.

De qualquer forma, não há como pensar em intimidade sem confiança e, em torno desse tema, Figueiredo (2007) tem uma importante contribuição. Num artigo em que discorre sobre as elaborações teóricas e clínicas de Balint, Winnicott e Green em torno do tema da confiança, traz também elementos que considera relevantes sobre a vida social e cultural contemporânea e nos alerta não só sobre os possíveis reflexos do regime social na possibilidade de confiança entre paciente e analistas, mas também que

> *precisamos considerar as novas oportunidades de continência e de ligação que esse mesmo regime social engendra. Isso requer observação não-preconceituosa e pesquisa. Novas subjetividades e novas formas de existência social, novos dispositivos de estimulação e de continência – e não apenas "novas patologias" – precisam ser conhecidos e considerados. Aliás, lendo o que Balint e Ferenczi, entre outros, já escreviam na década de [19]30, cabe-nos refletir sobre o que se alardeia como "novas patologias". O que parece mais faltar ainda são os estudos sobre as novas formas de existência como possibilidades positivas de vida e não apenas como modos deficitários, embora, decerto, condições e funções essenciais possam estar faltando ou sendo mal exercidas. (p. 85)*

De fato, a observação não preconceituosa e a pesquisa em torno da realidade em que vivem as pessoas que temos recebido neste projeto são um desafio constante. Entendemos, como Figueiredo (2007), que:

> *Não se pratica psicanálise no vácuo cultural e histórico e muito menos contra as forças da história. A psicanálise não é uma seita, e, menos ainda, uma seita conservadora e reformista. . . . [Consequentemente, é] preciso apoiar-se nos fenômenos e processos da vida – da vida cotidiana – para operar com alguma eficácia. (p. 85)*

É nesse sentido que o saber sociológico pode nos trazer importantes elementos para a concepção de nossas instalações clínicas. Inclusive as questões com que o psicanalista encerra esse texto são questões que nos fazemos sempre:

> *como as novas redes que se tornam disponíveis com as tecnologias de ponta podem contribuir... para oferecer sustentação, continência e possibilidades de transformação da experiência emocional?... Que implicações... podem ter para o estabelecimento do setting analítico e para o manejo clínico? (Figueiredo, 2007, p. 85)*

É preciso, assim, haver uma abertura para a exploração de ferramentas diversas dessas redes na direção de uma possibilidade de contato, de confiança, de intimidade. Diante da desterritorialização daqueles que chegam até nós, temos todos, analistas, que nos desterritorializar de certa forma, a começar pela desterritorialização do mais tradicional em termos de intervenção. E, nos casos com que temos deparado nesta clínica, é preciso fazê-lo de forma radical, explodindo o modelo tradicional e concebendo instalações clínicas onde façamos uso dos dispositivos e das ferramentas disponíveis em cada caso, alicerçados pelo saber do analista e do grupo e por uma compartilhada condição de "sentir com".

Se há pacientes, como os mencionados por Gondar (2020), que se beneficiam de chamadas de vídeo que realizam em seus quartos, para outros, revelar ao analista certos elementos do espaço onde se encontram em um vídeo pode ser profundamente constrangedor ou invasivo. Determinada construção clínica de intervenção pode ser potente para uns, mas impossibilitar a sustentação da escuta de outros. A instalação artística que toma alguns e os põe em contato com algo de si até então recolhido pode passar quase despercebida a outros ou não lhes despertar qualquer interesse. É preciso criar a instalação clínica que permita territorializar psiquicamente quem não tem seu lugar.

Referências

Amarante, P. (1994). Uma aventura no manicômio: a trajetória de Franco Basaglia. *História, Ciência, Saúde – Manguinhos, 1*(1), 61-77.

Ferenczi, S. (2011a). A elasticidade da técnica psicanalítica. In S. Ferenczi, *Obras Completas* (Vol. 4, pp. 29-42). 2a. ed. São Paulo: WMF Martins Fontes. (Trabalho original publicado em 1928).

Ferenczi, S. (2011b). Análise de crianças com adultos. In S. Ferenczi, *Obras Completas* (Vol. 4, pp. 79-95). 2a. ed. São Paulo: WMF Martins Fontes. (Trabalho original publicado em 1931).

Figueiredo, L. C. (2007). Confiança: a experiência de confiar na clínica psicanalítica e no plano da cultura. *Revista Brasileira de Psicanálise, 41*(3), 69-87.

Foucault, M. (2002). *Os anormais.* São Paulo: Martins Fontes. (Curso dado no Collège de France em 1974-1975).

Gondar, J. (2020). Psicanálise *on line* e elasticidade da técnica. *Cadernos de Psicanálise (CPRJ), 42*(42), 37-45.

Gondim, G. M. de M., & Monken, M. (2009). Territorialização em Saúde. In Fundação Osvaldo Cruz, *Dicionário da Educação Profissional em Saúde.* Recuperado de: http://www.sites.epsjv.fiocruz.br/dicionario/verbetes/tersau.html

Green, A. (2008). *Orientações para uma psicanálise contemporânea.* Rio de Janeiro, São Paulo: Imago, SBPSP.

Haesbaert, R. (1997). *Des-territorialização e identidade: a rede "gaúcha" no Nordeste.* Niterói: EdUFF.

Posfácio

Vivam os pais adotivos!

Maria Rita Kehl

– Obrigado por ter me adotado, mas não vou tomar banho agora!

– Foi um prazer ter te adotado e você vai tomar banho já!

(Pequeno embate entre mãe adotiva e seu filho adolescente, em torno de uma questão doméstica comum em todas as famílias)

Seria a decisão de adotar uma criança mais arriscada que aquela de ter um filho biológico? Creio que no imaginário social, que não se resume às fantasias do casal que adota – quem não tem algum receio dos "riscos" da adoção? –, a resposta é sim. Não que as mães e os pais "de barriga" não passem por nenhum temor durante a gestação. Fantasias sobre malformações no feto, embora bastante atenuadas com o aperfeiçoamento dos recursos de ultrassonografia, ainda assombram o casal parental. Temores sobre as possíveis heranças genéticas em famílias com casos de psicoses, de depressões, de psicopatias sérias, concorrem com a incerteza sobre a hereditariedade da propensão ao câncer, a anemias e a outras doenças cuja transmissão genética ainda nem foi comprovada.

Mas a adoção carrega, com frequência, uma predisposição maior a fantasias catastróficas. Os pais adotivos, leigos no assunto, imaginam que os pais biológicos não o sejam. Ignoram que pais biológicos, ao não se admitirem igualmente leigos diante do recém-nascido, serão capazes de errar tanto ou mais que pais de adoção. Afinal, nada nos predispõe mais ao erro que a onipotência: "Eu sei o que é melhor para ele/ela. Nasceu de minha barriga! Tem meus genes!". Pais adotivos costumam ser menos pretensiosos. Só por isso já merecem um "Viva!" sincero. Estão dispostos a tomar a seu encargo, moral e afetivo, um serzinho desconhecido. Ora, dirá o leitor: qual o recém-nascido que não chega aos pais como um desconhecido?

Verdade. Só que, no caso dos filhos "de barriga", a fantasia de intimidade com eles, por parte dos pais, é quase onipotente. Além disso, a crença na determinação genética dos traços de caráter, temperamento, inteligência, saúde física e mental promove entre mães e pais biológicos certa confiança de que o bebê haverá de reproduzir suas melhores qualidades – nunca seus piores defeitos e fragilidades. Tal onipotência, embora contribua para a formação do forte vínculo primordial entre a mãe e seu bebê, nem sempre ajuda os pais a acompanhar de forma serena seu crescimento, suas transformações, o surgimento de traços de personalidade com os quais os pais não se identificam. A frase "nem parece meu filho!" – menos incomum do que se supõe – revela a intolerância e a decepção de pais que não se reconhecem na criança e no adolescente que começam a se diferenciar deles. Ou, pior ainda: de suas fantasias. Ponto para os pais adotivos, mais dispostos a se deixar surpreender na medida em que seus rebentos crescem.

Mas, para que as razões dessas surpresas não pareçam, aos olhos dos filhos, provas de desatenção ou desamor dos pais, é importante que eles *saibam que são adotados*. Esconder isso de uma criança, a pretexto de querer que ela não se sinta menos *filha* que um irmão "de barriga", produz ambivalência no vínculo parental e alguma angústia, aparentemente injustificada, em quem cresce sem saber sua história verdadeira.

O filme *O dia em que eu não nasci*[1] é uma história fictícia que corresponde ao tema da adoção de bebês órfãos de pais assassinados pela repressão, no período das ditaduras que vitimaram vários países da América do Sul. Uma jogadora de vôlei que vive com a família na Alemanha vem participar de um campeonato no Chile. Seu avião faz uma parada em Buenos Aires. No banheiro do aeroporto, a protagonista ouve uma mãe cantarolar para seu bebê enquanto troca suas fraldas. A jovem atleta surpreende-se ao perceber que conhece a canção; de repente, cai em prantos, sem entender por quê. Do orelhão do aeroporto liga para seu pai, na Alemanha: "Eu tive alguma babá sul-americana?" – o pai se embaraça. Acaba por revelar a adoção e o nome da família de origem. A atleta desiste do campeonato e vai em busca dos remanescentes da família que, na iminência de ser presa no período do terror militar, entregara o bebê para adoção. Tudo termina bem: os primos remanescentes daquela família são bacanas, ela se sente bem entre eles. *O dia em que eu não nasci* é um drama, não uma tragédia.

O livro que tenho a honra de encerrar tampouco se compõe de relatos trágicos, mas não se esquiva de analisar algumas situações dramáticas. Trata-se de uma coletânea de artigos sobre adoção de crianças, publicado por ocasião da comemoração dos 25 anos do Núcleo Acesso – Estudos, Intervenções e Pesquisas sobre Adoção, da clínica psicanalítica do Instituto Sedes Sapientiae.

1 De Florian Micoud Cossen, 2010, Argentina/Alemanha.

As crianças que chegam aos psicanalistas do Núcleo Acesso já estão, com alguma frequência, traumatizadas. Pela orfandade, pela pobreza, pelo abandono dos pais ou por maus-tratos e violência física; algumas também sofreram a humilhação e o desamor de passar por "devoluções" em tentativas anteriores de adoção, que, segundo Camila Deneno Perez, costumam produzir um novo trauma em quem já está suficientemente machucado pela vida.

No capítulo "Crianças em processo de adoção: repetição de vivências traumáticas e possíveis saídas", Perez narra o episódio em que os pais de um menino de 8 anos queixaram-se do comportamento agressivo da criança e de sua recusa em comer nas refeições. Conta que a criança já havia sido "devolvida" por estes pretendentes à adoção em um primeiro processo. Por um lado, parecia decidida a testar a resiliência desses novos pais. Por outro, sugere a psicanalista, talvez sua recusa a comer no almoço fosse uma forma de proteção, uma vez que, no período de reaproximação, os pais o levavam de volta à instituição logo depois do almoço.

Imagine o leitor quanto sofrimento existe por trás da ambivalência afetiva das crianças recém-adotadas: a ânsia por um novo lar pode entrar em conflito com a culpa por "abandonar" a mãe – mesmo nos casos em que tenha sido ela a deixar o filho. "Quanto piores são os pais, mais culpados são os filhos", me disse uma vez o psicanalista Fábio Landa. A hipótese de que seus pais não a amem é tão dolorosa que a criança prefere acreditar que não tenha merecido seu amor. Mas a culpa, sabemos, não torna o sujeito melhor. Ao contrário: o sentimento inconsciente de culpa produz justamente comportamentos sintomáticos que justifiquem o abandono ou os maus-tratos dos pais.

Como escreve Cynthia Peiter em "Narrar é preciso": "a criança é ela mesma um documento de sua história, possivelmente 'escrito' em linguagem inacessível ou irrepresentada". A adoção exige resiliência por parte dos pais; na hipótese mais otimista, exige que se analisem, para elaborar sua própria ambivalência diante de um filho que não viram nascer, deste que chega ao novo lar trazendo mais marcas de sofrimento do que eles próprios acumularam durante trinta, quarenta anos de vida.

Escolhi citar trechos de capítulos ao acaso, mas deveria citar um pouco de cada ensaio: são todos muito bons.

Termino este posfácio com uma história que eu mesma presenciei. Um casal de amigos perdeu um filho adolescente. Todos podem imaginar a dor de se perder um filho. A cultura não tem nome para isso. Quem perde os pais é órfão/órfã. Quem perde o companheiro é viúvo/viúva. Como chamamos os pais que perderam seus filhos? Não chamamos. É um fato tão aterrador para quem está fora, tão arrasador para quem está dentro, que não tem nome.

Depois de um tempo de luto, decidiram adotar outra criança. Não queriam uma vida sem filhos. A criança adotada tinha sido moradora de rua. Fui visitá-los quando D., de 6 anos, já estava na casa havia quase um ano. As crianças, todos sabem, sempre tentam reanimar seus pais quando estes estão tristes. Elas precisam que estejamos presentes, disponíveis e muito vivos. O empenho do pequeno D. em ser muito, muito legal com seus pais era comovente. Como se soubesse exatamente o que tinha ido fazer naquela casa.

Sabemos que, na adolescência, D. precisará de alguma terapia para se emancipar do lugar de cuidador de seus pais que atribuiu a si mesmo. Mas, pense bem: nenhuma paternidade vem com instruções de uso. Todos nós, mais dia, menos dia, precisamos de alguma terapia para elaborar a experiência de ser filhos – adotivos ou não.

Sobre os autores

Camila Deneno Perez – Psicóloga e psicanalista. Mestre em Psicologia Social pela Pontifícia Universidade Católica de São Paulo (PUC-SP) e especialista em Psicanálise com Crianças pelo Instituto Sedes Sapientiae (ISS). Membro do Núcleo Acesso do ISS. Atende em consultório particular e é docente no Curso de Formação em Psicanálise do Centro de Estudos Psicanalíticos (CEP).

Celina Giacomelli – Psicóloga e psicanalista. Membro efetivo e coordenadora da Comissão de Clínica do Departamento de Formação em Psicanálise, docente e supervisora do curso Fundamentos da Psicanálise e sua Prática Clínica, e membro do Núcleo Acesso, todos do Instituto Sedes Sapientiae (ISS).

Cristina Banduk Seguim – Psicanalista de crianças, adolescentes e adultos. Membro do Departamento de Psicanálise com Crianças do Instituto Sedes Sapientiae (ISS). Integrante do Núcleo Acesso, no mesmo Instituto, desde 2008, na equipe clínico-institucional

– trabalho de supervisão e formação para equipes de Serviços de Acolhimento Institucional para Crianças e Adolescentes (Saicas).

Cynthia Peiter – Psicóloga, psicanalista, membro efetivo e docente da Sociedade Brasileira de Psicanálise de São Paulo (SBPSP), membro do Departamento de Formação em Psicanálise do Instituto Sedes Sapientiae, mestre em Psicologia Clínica pela Universidade de São Paulo (USP), membro do Núcleo Acesso e autora de diversos artigos e livros sobre adoção e psicanálise.

Débora Gaino Albiero – Graduada em Psicologia pela Universidade de São Paulo (USP) e psicanalista pelo Instituto Sedes Sapientiae (ISS). Possui aprimoramento em Saúde Mental Multiprofissional e em Práticas com Famílias em Instituições. Coordena o Núcleo Trajetos, atuando na temática da perinatalidade e da parentalidade. Participa do Núcleo Acesso do ISS. Atende em consultório particular e realiza supervisão clínica e institucional.

Marcia Regina Porto Ferreira – Psicóloga, psicanalista, mestre em Psicologia Clínica pela Pontifícia Universidade Católica de São Paulo (PUC-SP), coordenadora geral do Núcleo Acesso, do Instituto Sedes Sapientiae, co-coordenadora do Departamento de Psicanálise com Crianças do mesmo instituto e autora de diversos artigos e livros.

Maria Cristina Gonçalves Vicentin – Professora doutora de Psicologia Social da Pontifícia Universidade Católica de São Paulo (PUC-SP), onde coordena o Núcleo de Estudos e Pesquisas em Lógicas Institucionais e Coletivas (Nuplic).

Maria Luiza de Assis Moura Ghirardi – Psicanalista, membro filiado do Instituto Durval Marcondes da Sociedade Brasileira de Psicanálise de São Paulo (SBPSP), mestre em Psicologia Escolar pela Universidade de São Paulo (USP). Membro fundador do Núcleo Acesso do Instituto Sedes Sapientiae. Autora de *Devolução de crianças adotadas: um estudo psicanalítico* (Primavera Editorial, 2015) e co-organizadora de *Laços e rupturas: leituras psicanalíticas sobre adoção e o acolhimento institucional* (Escuta, 2016), além de ter artigos publicados em livros e revistas científicas sobre adoção e psicanálise.

Mariana Belluzzi Ferreira - Mestre em Psicologia Social pela Pontifícia Universidade Católica de São Paulo (PUC-SP). Atua em supervisão clínico-institucional junto a serviços referenciados à política pública de assistência social. Membro do Núcleo Acesso, do Instituto Sedes Sapientiae (ISS).

Marília Franco e Silva Velano - Psicanalista, coordenadora e supervisora do projeto de instalações clínicas do Núcleo Acesso, no Instituto Sedes Sapientiae (ISS), onde é também membro e professora do Departamento de Psicanálise com Crianças. É doutora em Psicologia pela Universidade de São Paulo (USP) e mestre em Psicologia pela Universidade de Paris VII.

Marina Galacini Massari - Psicóloga pela Universidade Federal de São Paulo (Unifesp), mestre em Psicologia Social pela Pontifícia Universidade Católica de São Paulo (PUC-SP) e especialista em Psicanálise com Crianças pelo Instituto Sedes Sapientiae (ISS). Faz parte do Núcleo Acesso do mesmo instituto. Exerce atividade clínica e é psicóloga no Tribunal de Justiça do Estado de São Paulo.

Miriam Debieux Rosa - Psicanalista e professora titular do Programa de Psicologia Clínica da Universidade de São Paulo (USP), onde coordena o Laboratório Psicanálise, Sociedade e Política

(PSOPOL) e o Grupo Veredas: Psicanálise e Imigração. Presidente da Rede Interamericana de Pesquisa em Psicanálise e Política (RedIPPol). Membro da rede internacional Amarrações: Políticas com Juventudes. Autora, entre outros, do livro *A clínica psicanalítica em face da dimensão sociopolítica do sofrimento* (Escuta, Fapesp, 2016).

Sandra Ungaretti – Psicanalista pelo Instituto Sedes Sapientiae (ISS). Mestre em Psicologia pelo Instituto de Psicologia da Universidade de São Paulo (IPUSP). Membro do Departamento de Psicanálise com Crianças e do Núcleo Acesso, ambos do ISS. Sua área de estudo, pesquisa e atuação clínica e institucional são as questões relativas ao universo da adoção.

Saulo Araújo Cunha – Graduado em Psicologia e mestre em Psicologia Clínica pela Pontifícia Universidade Católica de São Paulo (PUC-SP). Membro do Instituto Brasileiro de Psicanálise Winnicottiana. Faz parte do Núcleo Acesso do Instituto Sedes Sapientiae (ISS) e é participante do Grupo de Adoção e Parentalidade da Sociedade Brasileira de Psicanálise de São Paulo (SBPSP). Exerce atividade clínica e supervisão em serviço de acolhimento institucional.

Silvia Lopes de Menezes – Psicanalista, coordenadora e supervisora do projeto de instalações clínicas do Núcleo Acesso, no Instituto Sedes Sapientiae (ISS), onde é também membro das rodas de conversa Escuta Sedes e membro aspirante do Departamento de Psicanálise, em que integra o grupo de trabalho Em-Linha. Mestre e doutora em Ciências pela Universidade de São Paulo (USP).

GRÁFICA PAYM
Tel. [11] 4392-3344
paym@graficapaym.com.br